БЪЛГАРИЯ
BULGARIA

ТАНГРА ТанНакРа
ОБЩОБЪЛГАРСКА ФОНДАЦИЯ

TANGRA TanNakRa
ALL BULGARIAN FONDATION

2004

Книгата се издава през 2004 г. Това е 1839-ата година от началото на българската държавност в Европа (165 г.) и
1323-ата година от създаването на Дунавска България (681 г.) от кан Аспарух.

България е най-старата европейска държава,
съществуваща под едно и също име повече от осемнадесет века и съхранена до днес от българската нация.

This book is published in 2004. That is 1839 years after the beginning of Bulgarian statehood in Europe (165 AD) and
1323 years after the establishment of Danube Bulgaria (681 AD) by Khan Asparukh.

Bulgaria is the oldest European state existing under the same name for over eighteen centuries, and safe-keptby the Bulgarian nation until today.

Албумът е осъществен със съдействието на Националния център за музеи, галерии и изобразителни изкуства към Министерството на културата.

The album is realized with the cooperation of the National Center for Museums, Galleries and Fine art, wich is part of Ministry of Culture.

АЛБУМ БЪЛГАРИЯ

ХУДОЖНИК-ФОТОГРАФ Ренард Дудлей

АВТОРИ НА ТЕКСТА: Георги Владимиров *(на историческата част)*, Капка Николова *(на художествения текст)*

ДИЗАЙН Ренард Дудлей

ПРЕВОД доц. д-р Тодор Шопов

КОНСУЛТАНТИ: проф. д.и.н. Александър Фол, проф. д-р Георги Бакалов, Димитър М. Димитров, Петко Н. Колев

РЕЦЕНЗЕНТИ: проф. д.и.н. Георги Марков, доц. д-р Пламен Павлов

РЕДАКТОР Бианка Пашкова

КОРЕКТОР Кристина Илиева

Илюстрациите на стр. 171 и 218 са предоставени от ТАНГРА ТанНакРа ОБЩОБЪЛГАРСКА ФОНДАЦИЯ

© ТАНГРА ТанНакРа ОБЩОБЪЛГАРСКА ФОНДАЦИЯ, 2004
ISBN 9549942-57-0

ALBUM BULGARIA

ART PHOTOGRAPHER: Renard Dudley

AUTHOURS: Georgi Vladimirov *(Historical Part)*, Kapka Nikolova *(Artistic Text)*

DESIGN: Renard Dudley

TRANSLATOR: Assoc Prof Todor Shopov, PhD

CONSULTANTS: Prof Dr Sc Alexandar Fol; Prof Georgi Bakalov, PhD; Dimitar M. Dimitrov; Petko N. Kolev

REVIEWERS: Prof Dr Sc Georgi Markov; Assoc Prof Plamen Pavlov, PhD

EDITOR Sasha Popova

PROOF-READER Sasha Popova

The illustrations on pages 171 and 218 were submitted by TANGRA TanNakRa ALL BULGARIAN FONDATION

© TANGRA TanNakRa ALL BULGARIAN FONDATION, 2004
ISBN 9549942-57-0

Всички права запазени. Не е разрешено публикуването на книгата или на части от нея под каквато и да е форма – електронна, механична, фотокопирна, презапис или по друг начин – без изричното писмено разрешение на издателите.

All rights reserved. The publication of the book or parts of it in any form whatever – electronic, mechanical, photocopy, transcript or any other mode – without written publisher's consent is forbidden.

За страниците, означени с ●, има допълнителна информация в края на албума.

For the ● marked pages there is additional information provided at the end of the album.

Възраждане - бронзова скулптурна фигура от централното фоайе на НДК
Скулптор Димитър Бойков

Revival, a bronze sculpture from the National Palace of Culture central foyer
Sculptor Dimitar Boykov

ДРАГИ ЧИТАТЕЛИ,

Пред вас е *АЛБУМ БЪЛГАРИЯ*, който представя България в образи и картини. Искаме да ви я покажем такава, каквато е, каквато я виждаме и обичаме.

БЪЛГАРИЯ

- малката по площ страна, уютно скътала на своите 111 хил. кв. км долини и поля, реки и езера, планини и море;
- благословената земя, съчетала пролетния ромон на ручеите, великата зимна белота на планините, искрящото лято, пропито с дъх на билки и море, щедростта на огнено-златната есен;
- благодатната земя, на която се раждат плодовете от труда на Българите. И нейните деца - бъдещето на България.

БЪЛГАРИЯ

- държавата, родена на кръстопътя на древни култури, обединила в едно Българи, Славяни и Траки, осмислила посланията и съхранила богатствата им;
- земята, вдъхновила народа си да сътвори неповторимо богатство от багри, песни и ритми;
- държавата, създала уникални културни и научни ценности, отличаваща се с приноса си в развитието на общочовешката цивилизация.

БЪЛГАРИЯ

- земята на Българите, устояли на предизвикателствата на историята, останали верни на името Българи и на българския род от стъпването си по тези земи до днес, опазили свещения трепет в сърцето си - гордостта, че са чеда на България;
- страната, която вярва в бъдещето - своето и на света, която иска да опази смеха на децата си, възторжения устрем на младите хора, мъдростта на народа си;
- част от света, достоен и добронамерен член в голямото семейство на народите.

Това е България. А има още толкова много, което може да се види и почувства. Албумът е нашата покана: *Заповядайте в България!*

Да открием, всеки за себе си, *БЪЛГАРИЯ* - и Българинът в България, и Българинът в чужбина, и чужденецът, докоснал се за първи път до красотата на нейната природа, до нейната уникална култура и дух.

ОТ СЪЗДАТЕЛИТЕ НА АЛБУМА

DEAR READERS,

Before you is the ALBUM BULGARIA, which presents Bulgaria in images and pictures. We want to show it to you such as it is, such as we ourselves see it and love it.

BULGARIA
- the small country cuddling valleys and fields, rivers and lakes, mountains and a sea on its 111 000 sq km;
- the blessed land blending the spring sound of the streams with the majestic winter whiteness of the mountains, the glittering summer infused with the whiff of herbs and sea, the generosity of the fiery-golden autumn;
- the fertile land bearing the fruits of the Bulgarians labour; and her children – the future of Bulgaria.

BULGARIA
- the state, which was born on the crossroads of ancient cultures and which united the Bulgarians, the Slavs and the Thracians, which has managed to preserve their values;
- the land, which has inspired its people to create a matchless wealth of colours, songs and rhythms;
- the state, which has created unique cultural and scientific works distinguished by their impact on the development of human civilisation;

BULGARIA
- the land of the Bulgarians who have resisted the challenges of history, who have remained true to the name of Bulgarians and to the Bulgarian nation since they set foot in these lands, who have kept the sacred thrill in their hearts – the pride of being Bulgaria's children;
- the country, which believes in the future – its own and that of the world, which wants to preserve its children's laughter, the inspired striving of the young people and the wisdom of its people;
- a part of the world, a worthy and goodwilling member of the great family of nations.

This is Bulgaria. And there is much more to see and feel.
The Album is our invitation: *Come to Bulgaria!*

Let us discover **BULGARIA** – each and every one; the Bulgarian in Bulgaria and the Bulgarian abroad, the foreigner who had touched the beauty of its nature and its distinctive culture and spirit for the first time.

FROM THE AUTHORS OF THE ALBUM

Bulgaria

ДАННИ ЗА РЕПУБЛИКА БЪЛГАРИЯ

Република България е държава в Югоизточна Европа. На север граничи с Република Румъния, на изток с Черно море, на юг с Република Турция и Република Гърция, на запад с Република Македония и с Република Сърбия и Черна гора.

Площ – 110 993,6 кв. км

Население – 7 973 673 души (2001 г.)

Столица – София

Релеф – разнообразен. Средна надморска височина – 470 м. От територията на страната 31,5 % са низини (до 200 м н.в.), 41 % – равнини и хълмисти земи (200–600 м н.в.) и 27,5 % – планини (600 – над 1600 м н.в.)

Климат – умереноконтинентален с черноморско влияние на изток и средиземноморско на юг

Транспорт – железопътен, автомобилен, въздушен и воден

Доброто местоположение на България, красивата и разнообразна природа, благоприятният климат, удивителният фолклор и неповторимата уникална култура я правят желана и предпочитана страна за посещение - гостуване, почивка или туризъм, през всички сезони на годината.

DATA ON THE REPUBLIC OF BULGARIA

The Republic of Bulgaria is a state in Southeast Europe. It borders on the Republic of Romania to the north, the Black Sea to the east, the Republic of Turkey and the Republic of Greece to the south and the Republic of Macedonia and the Republic of Serbia and Montenegro to the west.

Area - 110 993,6 sq km
Population - 7 973 673 inhabitants (2001)
Capital city - Sofia
Relief - varied. Average height above sea level - 470 m. Of the territory of the country, 31.5 % – valleys (to 200 m above sea level), 41 % – plains and hills (200–600 m above sea level) and 27.5 % – mountains (600–over 1600 m above sea level)
Climate - temperate continental with Black Sea influence in the east and Mediterranean influence in the south
Transport - railway, automobile, air and waterway

Bulgaria's good geographical situation, beautiful and varied natural landscape, favourable climate, wonderful folklore and unique culture make the country a desired and preferred spot for visits, stays, holidays and tourism during all seasons of the year.

Златен пегас (V-IV в. пр.Хр.), Сборяново-Вазово
A golden Pegasus (5th-4th c. BC), Sboryanovo-Vazovo

Държавно устройство – парламентарна република с еднокамарен парламент. Президентът е държавен глава

Официален език – български

Религия – вероизповеданията са свободни. Традиционна религия в Република България е източноправославното вероизповедание

Национален празник – 3 март

Парична единица – лев

State structure – Parliamentary republic with a one-chamber parliament. The president is the head of state

Official language – Bulgarian

Religion – free. Traditional religion – East Orthodoxy

National Day – 3 March

Currency – Lev

Лъвът – гордият символ на сила, могъщество и величие, е изборът на българина, осъзнал силата и могъществото на държавността, съпътствала го от древността...

В държавния герб на Република България има три лъва – златни и короновани. Лъв пази покоя пред паметника на Незнайния войн – българският бранител, не позволил нито едно българско знаме да бъде пленено. Лъв е изписан сред хиляди библейски сцени в български църкви, изваян в стотици скулптури, извезан по бойни знамена, изрисуван в картини. Лъвът и Левски, най-светлият българин, канонизиран в народната памет, са събрани на пиедестал в старопланинското Карлово.

The lion – the proud symbol of power, force and grandeur – is the choice of the Bulgarian who has realized the might of statehood, built by him since antiquity...

There are three lions in the state coat of arms of the Republic of Bulgaria – golden and crowned. A lion is keeping the peace at the Monument to the Unknown Soldier – the guardian of Bulgaria who did not let a single Bulgarian flag to be captured by enemy. Thousands of Biblical scenes in Bulgarian churches depict the lion. It has been sculptured in hundreds of monuments, embroidered on military flags, painted in pictures. The lion and Levski – the most remarkable Bulgarian who has been canonized in the people's memory – have been sculptured together in the Balkan town of Karlovo.

Горда Стара планина,
до ней Дунава синей,
слънце Тракия огрява,
над Пирина пламеней.

Мила Родино,
ти си земен рай,
твойта хубост, твойта прелест,
ах, те нямат край!

Химн на Република България, създаден по песента "Мила Родино" на Цветан Радославов (1863–1931)

The national anthem of the Republic of Bulgaria, written after Tsvetan Radoslavov's song **Mila Rodino (Darling Motherland)** (1863–1931)

ИСТОРИЯ НА БЪЛГАРИТЕ И ДНЕШНИТЕ БЪЛГАРСКИ ЗЕМИ

HISTORY OF BULGARIANS AND PRESENT BULGARIAN LANDS

ДРЕВНИТЕ БЪЛГАРИ

Създателите на днешна България, възприела и съхранила през вековете тяхното име, са Българите. Историята на Българите може да бъде описана още от дълбока древност (I хил. пр. Хр.). Европеиди от памирски тип, те принадлежат към кавказката (бялата) раса, част от голямото индоевропейско семейство. Тяхна прародина е Средна Азия (района на планините Памир и Хиндукуш). Високо цивилизована обществена формация, древните Българи дълго време са определящ културен фактор в средноазиатските територии, носител на високи за времето си познания в областта на философското осмисляне на света, държавното управление, социалното устройство, военното изкуство, писмеността, езика, строителството и астрономията. Важен продукт на древнобългарското познание е съвършеният от астрономическа и математическа гледна точка слънчев календар, съзвездията в който носят имената на животни. ЮНЕСКО признава календара на древните Българи за един от най-точните сред известните до модерната епоха календари.

Религията на древните Българи е далеч от традиционното идолопоклонство, ха-

THE ANCIENT BULGARIANS

Bulgarians are founders of present Bulgaria, which has adopted and preserved their name. Their history could be traced far back in Antiquity (1st millenium BC). Bulgarians were Europeid of the Pamir type and belonged to the Caucasian race, part of the great Indoeuropean family. Their fatherland was Middle Asia (the region of the Pamir and Hindu Kush Mountains). They had a highly civilised social formation, which had been dominating the Middle Asian territory for a long period of time. They possessed enormous knowledge in the area of the philosophical understanding of the world, state rule, social structure, military art, writing, language arts, building crafts, astronomy. An important product of Ancient Bulgarian knowledge is the sun calendar, which was perfect from an astronomical and mathematical perspective. The constellations in it bore the names of animals. It has been recognised by the UNESCO as one of the most accurate calendars ever known to man.

Ancient Bulgarians' religion was far from the traditional worship of idols, which was typical of the Antique World. Tangra, the supreme god of the Bulgar-

Везано лъвче от знамето, изработено от панагюрската учителка Райна Княгиня за Априлското въстание

The embroidered lion of the flag, sewn for the April Uprising by Rayna Knyaginya, a teacher from Panagyurishte

рактерно за Античния свят. Тангра, върховното божество на Българите, няма изображение. Тангризмът е по-скоро философско-светогледно триединство на три субстанциални понятия – Тан (вселена), Нак (човек) и Ра (Бог), синкретично вплетени в една универсална, дълбоко осмислена философска формула. В нейната основа са трите ценности на българския мироглед – толерантност, лоялност и справедливост.

Приносите на Българите в световната културна съкровищница са многопосочни. На първо място е идеята за държавност, основана на справедливост и толерантно отношение към Другия, отхвърляне на робовладението и организиране на общество на свободния труд още в далечния II в. сл. Хр. Забележителна е сравнително ранната частична християнизация на Българите, които излизат в защита на бъдещата общоевропейска религия заедно с Арменците в битка на Аварайрското поле (451 г. сл. Хр.). Падналите в боя Българи са обявени от арменската църква за светци.

Българската държавност в Европа според най-стария български летопис "Именник на българските канове" датира от 165 година. През VII в. могъщият български кан Кубрат (632–665) оглавява държава, известна като Стара Велика България, съюзник на Византия във войните ѝ с Аварите. В знак на почит ромейският император Ираклий удостоява Кубрат, който още в детството си приема християнската вяра, с високата римо-византийска титла "патриций" и го дарява с богати дарове.

След смъртта на Кубрат в 665 г. Велика България се преражда в две нови държави – Волжка България, в района на Средна Волга, и Дунавска България на Балканския полуостров, които през Средните векове играят ролята на щит за европейското политическо и духовно пространство. Част от Българите остават в състава на Хазарския каганат, други установяват своя държавност и в днешна Македония (Българите на Кубер), и на Апенините (Българите на Алцек).

ians, did not have an image. Tangrism was rather a philosophical worldview of three substantial notions – Tan (universe), Nak (man) and Ra (God) – syncretically intertwined into a universal philosophical formula. At its base, the three values of Bulgarian worldview lay – tolerance, loyalty and justice.

The Bulgarians contributed to world culture in many aspects. At first, we should mention the idea of statehood based on justice and tolerance to the others, rejection of slavery and formation of a society of free labour as early as in the distant 2nd century AD. The early conversion of a part of the Bulgarians to Christianity is notable, as they stood in defence of the future European religion together with the Armenians in the battle at the Avarairian Field (451 AD). Those who perished there were sainted by the Armenian Church.

Bulgarian statehood in Europe dates back to 165 AD according to the *Name List of the Bulgarian Khans*. In the 7th century powerful Bulgarian Khan Kubrat (632–665), led a state, which became known as Old Great Bulgaria and was an ally of Byzantium in its wars against the Avars. The Roman Emperor, Iracleus, decorated Kubrat, who had adopted Christianity in his early childhood, with the high Roman Byzantine title of "Patrician" and gave him valuable presents as a sign of honour.

After Kubrat's death in 665 AD Old Great Bulgaria reincarnated in two new states – Volga Bulgaria in Middle Volga region, and Danube Bulgaria in the Balkan Peninsula, which acted as shields of European political and spiritual integrity during the Middle Ages. Some Bulgarians remained in the Khaganate of the Hazars, others tried to found their states in the territories of today's Macedonia (the Bulgarians of Kuber) and on the Appenines (the Bulgarians of Altsek).

БАЛКАНСКИТЕ ЗЕМИ В ПРАИСТОРИЧЕСКИ ВРЕМЕНА

На Балканите Българите заварват земи с богати културни традиции. Първите следи от човека по тях се губят в далечната старокаменна епоха (около 1 милион години пр. Хр.). Праисторическият човек обитавал пещерите, събирал диворастящи плодове и корени, ходел на риболов и на лов за мамути и пещерни мечки. Сцени от живота му са изобразени на стените на пещерата "Магурата" край с. Рабиша, Видинско – фантастични животни, ловни епизоди, религиозни ритуали и т. н. Останки от праисторически обитатели и сечива са намерени в пещерата "Бачо Киро" край Дряновския манастир.

Забележителен паметник от древността е Варненският халколитен некропол (5000 години пр. Хр.). Златните предмети в некропола са определени от специалистите като най-старите находки от злато в света. Те доказват съществуването на развита цивилизация и на изградена социална структура в историята на антична Югоизточна Европа.

THE BALKAN LANDS IN PREHISTORIC TIME

Bulgarians found rich in cultural traditions lands in the Balkans. The first traces of man there are lost in the distant Old Stone Age (1 million yeas BC). Prehistoric man inhabited the caves, gathered wild fruit and roots, went fishing and hunted mammoths and cave bears. Scenes from his every day life are depicted on the walls of the Magura Cave near the present town of Belogradchik – fantastic animals, hunting episodes, religious rituals, etc. Remains of prehistoric dwellers and tools have been found in the Bacho Kiro Cave near the Dryanovo Monastery.

The Varna Chalcolithic Necropolis is a remarkable monument from the Antiquity (5 thousand years BC). The gold objects from the necropolis are considered by specialists the oldest gold finds in the world. They are evidence of a highly developed civilisation and prove the existence of a social structure in the history of ancient Southeastern Europe.

ТРАКИТЕ

раките след индусите са най-голям сред всички народи. Траките носят много имена, всяко племе според страната си. Но всички те имат приблизително еднакви обичаи... – пише Херодот (V в. пр. Хр.), наричан Бащата на историята.

Траките – индоевропейци по произход са едри хора. Смели и безстрашни, те са високо ценени като наемници в армиите на Древна Гърция. Траките са сред най-страшните гладиатори в Рим. Сред тях е прочутият Спартак, водач на голямо въстание на робите от 74–71 г. пр. Хр.

Траките отглеждат пшеница, ечемик, ръж и просо, имат развито лозарство. Тракийското жито и тракийското вино са прочути в целия античен свят. Траките са и опитни скотовъдци – техните коне са търсени на пазарите в Древността.

Богатите и плодородни тракийски земи привличат погледа на древните Гърци. От VII в. пр. Хр. те започват да основават колонии по Черноморското крайбрежие, сред които по-известни са Аполония (дн. Созопол), Анхиало (дн. Поморие), Месембрия (дн. Несебър), Одесос (дн. Варна), Дионисопол (дн. Балчик) и други. Тези колонии стават пресечна точка на различни древни култури, за което свидетелстват богатите археологически находки.

През I хил. пр. Хр. се появяват първите тракийски държави, които достигат разцвет през VI в. пр. Хр. Най-могъщо е Одриското царство, наречено така по името на династията Одриси. Към V-ото столетие пр. Хр. Одриското царство е най-голямото държавно обединение в Европа – териториите му се простират от Дунав до Бяло море и от р. Струма до Черно море.

Траките почитат Великата богиня-майка и нейния син Слънцето. Сред тачените от тях божества е т. нар. Тракийски конник, изобразяван върху каменни плочи ка-

THE THRACIANS

Herodotus (5 century BC), the Father of history, wrote, "The Thracians after the Hindus are the largest of all peoples. The Thracians bear many names, each tribe according to its country. But they all have almost the same customs..."

The Thracians, Indoeuropeans by origin, were large men and women. Being brave and audasious, they were highly appreciated mercenaries in the armies of Ancient Greece. The Thracians were the most feared gladiators in Rome. One of them was famous Spartacus who led a big uprising of slaves in 74–71 BC.

The Thracians grew wheat, barley, rye and millet. They also had a developed wine production. Thracian grain and Thracian wine were famous all over the antique world. The Thracians were skilled cattle breeders too – their horses were sought after at the ancient markets.

Thracian lands were rich and fertile. So they attracted the attention of ancient Greeks who set up their colonies on the Black Sea coast as early as the 7th century BC Apolonia (present Sozopol), Anhialo (present Pomorie), Mesembria (present Nesebar), Odessos (present Varna), Dionisopolis (present Balchik) were well known. The colonies became the meeting points of different ancient cultures. Rich archaeological finds indicate that.

In the 1st millenium BC, the first Thracian states emerged. They thrived in the 6th century BC The most powerful one was the Odrysian Kingdom, which was named after the dynasty of the Odrysians. In the 5th century BC, it was the biggest state formation in Europe. Its territories stretched from the Danube to the Aegean Sea and from Struma River to the Black Sea.

The Thracians worshipped the Great

то конник ловец. Култът към него е толкова силен, че се съхранява и преминава в образа на християнския светец св. Георги.

Най-популярен в тракийската религиозна доктрина е митичният певец и духовен учител Орфей. Той бил ненадминат музикант, в чиято музика се вслушвали дори дивите животни. Според друга легенда той слязъл в Подземното царство, за да търси любимата си Евридика, не се сдържал да не я погледне, докато излязат, и я загубил завинаги. Легендарният Орфей става част и от митологията на елините (митът за похода на аргонавтите), често той е герой в пиесите на древногръцките драматурзи.

Траките вярват в задгробния живот, погребват своите мъртъвци с радост и веселие, устройват грандиозни пиршества с вино и различни състезания. Често археолозите разкриват великолепни трапезни сервизи, употребявани от тях в пиршествата. Сред тях са съкровищата от с. Борово (край дн. гр. Русе), от с. Рогозен (край дн. гр. Враца). Реминисценция от тракийските празници на виното днес е ежегодно честваният в началото на месец февруари празник Трифон Зарезан.

Тракийско погребално пиршество е изобразено на централния фриз в прочутата Казанлъшка гробница, един от съхранените шедьоври на тракийската гробнична архитектура. Смята се, че там е представен погребалният пир на великия тракийски цар на одрисите Севт III (330–300 г. пр. Хр.). Любопитен художествен детайл в гробницата е битката между Траки и Македони, в която Траките пленяват Агатокъл, син на Лизимах – наместник на Александър Велики за Тракия.

В днешните български земи са разкрити и други уникални тракийски храмове и гробници – край с. Старосел, Хисарско, Перперикон край гр. Кърджали, Мезек в близост до гр. Свиленград, в с. Александрово, Хасковско.

Goddess-Mother and her son, the Sun. The Thracian Horseman was among their gods. He was depicted on stone slabs as a horseman-hunter. The cult was so strong that was preserved and transformed into the image of a Christian saint – St. George.

The most popular character from the Thracian religious doctrine was the mythical singer and spiritual master, Orpheus. He was an unsurpassed musician whose music was listened to even by the wild beasts. According to the legend, he descended into the subterranean kingdom in order to seek his beloved Euridice. But he could not resist looking at her before they came out together so he lost her forever. Legendary Orpheus became a hero of Greek mythology (the trip of Argos). Ancient Greek playwright also included him in their drama works.

The Thracians believed in life after death and buried their dead with joy and mirth, organizing great feasts with wine and various competitions. Archaeologists often find exquisite service vessels used at those feasts. Such are the treasures from the villages of Borovo (present Rousse) and Rogozen (present Vratsa). Reminiscences of the Thracian wine festivals can be found in modern Trifon Zarezan Day, celebrated each year at the beginning of February.

A Thracian burial feast is depicted on the central frizz in the famous Kazanlak Tomb, which is one of the masterpieces of Thracian burial architecture. It is believed to be the burial feast of the great Thracian ruler of the Odrysians, Tsar Sevt III (330–300 BC). An interesting artistic detail of the Tomb is the battle between Thracians and Macedonians in which the Thracians captured Agatocles, the son of Lizimahus who was Alexander the Great's administrator of Thrace.

Many other unique Thracian temples and tombs have been found in present-day Bulgarian lands near the villages of Starosel, Hisar region, of Perperikon near the town of Kardzhali, of Mezek near the town of Svilengrad, of Alexandrovo, Haskovo region, etc.

АЛЕКСАНДЪР ВЕЛИКИ И БАЛКАНИТЕ

Отслабването на Одриската държава през втората половина на IV в. пр. Хр. извежда нова политическа доминанта на Балканите – Македонското царство, начело с Филип II Македонски (382–336 г. пр. Хр.). Филип успява да покори значителна част от тракийските земи. Средище става старият тракийски град Пулпудева (дн. Пловдив), преименуван във Филипопол в чест на македонския цар. След смъртта на Филип на престола сяда неговият син Александър, известен в историята като Велики. В резултат на походите му в Азия, македонската държава се превръща в световна империя. Ученик на Аристотел, Александър се стреми да наложи господство на елинската култура. Пример за влиянието й върху тракийското изкуство и култура на Балканите са Казанлъшката гробница, гробницата от с. Свещари (северозападно от дн. гр. Исперих), великолепният златен сервиз на т. нар. Панагюрско съкровище.

Смъртта на Александър Велики през 323 г. пр. Хр. разделя огромната империя. Властта в Тракия наследява военачалникът Лизимах. Сред Траките нееднократно избухват бунтове срещу чуждото владичество, сцена от които е изобразена в Казанлъшката гробница.

През втората половина на III в. пр. Хр. по тракийските земи се появяват и Келтите. Те дори основават свое царство със столица Тиле. Присъствието им обаче е сравнително кратко. Към днешните български земи все по-настойчиво отправя взор Римската република.

ALEXANDER THE GREAT AND THE BALKANS

The decline of the Odrysian state in the second half of the 4th century BC made prominent another Balkan centre – the Macedonian Kingdom headed by Phillip II of Macedonia (382–336 BC). Phillip succeeded to subjugate a considerable part of the Thracian lands. The old Thracian town of Pulpudeva (present Plovdiv) became the centre of the state and was called Phillipopolis in honour of the Macedonian Tsar. After Phillip's death, his son, Alexander, called by historians the Great, occupied the throne. His campaigns in Asia made Macedonia a world empire. Being Aristotle's pupil, Alexander strived to impose the supremacy of Greek culture. Its influence on Thracian art and culture in the Balkans is exemplified by the Kazanlak Tomb, the Tomb in the village of Sveshtari (northwest of the present town of Isperih) and the magnificent gold vessels set of the socalled Treasure of Panagyurishte.

The death of Alexander the Great 323 BC divided the enormous empire. The warlord Lizimach inherited power in Thrace. Many mutinies broke out against the foreign domination. A scene of them is painted in the Kazanlak Tomb.

The Celts appeared in the Thracian lands in the latter half of the 3rd century BC. They even founded their kingdom with the capital of Tile. However, their presence was relatively short. The Roman Republic was already keeping an eye on the present-day Bulgarian lands.

РИМ

Към набиращата сили Римска империя цяла Тракия е присъединена през I в. пр. Хр. Тракийските земи са разделена на три провинции – Мизия (дн. Северна България и част от Сърбия), Тракия (земите на юг от Стара планина до Бяло море) и Македония (югозападната част от Балканския полуостров). Новата организация оказва благотворно влияние върху стопанското развитие на Тракия. Значително се увеличава броят на градовете и крепостите. По-известни сред тях са Августа Траяна (дн. Стара Загора), Сердика (дн. столица на България София), Пауталия (дн. Кюстендил) и др. Заслуга за урбанизацията на тракийските земи има император Траян (98–117) и множество градове прибавят към името си Улпия – името на бащата на императора. Сред тях изпъква Улпия Сердика, към която император Траян бил силно привързан. Градът има рядката привилегия да сече римски монети – на тях са изобразени 30 императори и императрици. Популярна с лековитите си минерални извори, Сердика е любимо място на императори и римски патриции.

Развитието на градовете създава предпоставки за цялостно проникване на античната култура – образование, театър, музика, поезия, спортни игри, изкуство. От този период датира известният амфитеатър в Тримонциум (дн. Пловдив), на арената на който освен театрални представления се устройвали игри и зрелища.

ROME

In the 1st century BC, the whole of Thrace was merged with the Roman Empire, which continued to strengthen its position. Thracian lands were divided into three provinces – Moesia (present North Bulgaria and a part of Serbia), Thrace (the lands to the south of the Balkan Mountains stretching to the Aegean Sea) and Macedonia (the south-western part of the Balkan Peninsula). The new organisation of the territory had a positive influence on the economic development of Thrace. The number of towns and forts rose considerably. Augusta Trayana (present Stara Zagora), Serdika (the present capital of Bulgaria, Sofia), Pautalia (present Kyustendil) were well known. Emperor Trayan (98–117) contributed to the urbanisation of Thracian settlements; consequently many towns added the word Ulpia (the emperor's father's name) to their names. Ulpia Serdika stands out because Emperor Trayan was very attached to it. The town had the rare privilege to mint Roman coins with the images of 30 emperors and empresses. Serdika was popular for its healthy spas and was favoured by the rulers and patricians of Rome.

The development of the towns facilitated the penetration of ancient culture – education, theatre, music, poetry, sports and the arts. The famous amphitheatre in Trimoncium (present Plovdiv) dates from that period. Its arena was the site of theatrical performances, games and other circuses.

ВИЗАНТИЯ

Римският император Константин Велики обявява през 313 г. християнството за равноправна с останалите религии. Макар и бавно, новата религия прониква и сред Траките. Започва строителство на християнски храмове – базилики. Днес в София са съхранени църквата "Св. София" и ротондата "Св. Георги". От тази епоха датира и изключителната със своите стенописи Силистренска гробница.

През 395 г. Римската империя е разделена на две части – Източна, с център Константинопол, и Западна, с център Рим. Днешните български земи остават в рамките на Източната империя, популярна през Средните векове с името Византия.

Опустошителните набези на Готи, Хуни и Авари в епохата на Великото преселение на народите (IV–VII в.) се отразяват неблагоприятно върху античното културно наследство в Югоизточна Европа. Тракийските земи са обезлюдени, а остатъците от старото тракийско население се насочват към големите планински масиви.

През VI в. на Балканския полуостров се установяват първите славянски племена. Техните нападения над византийските градове и крепости сериозно застрашават Византия и принуждават империята да взема все по-сериозни защитни мерки срещу новите си съседи.

BYZANTIUM

In 313, Emperor Constantine the Great of Rome declared Christianity a religion with the same rights as the other religions. The new religion spread slowly among the Thracians. Christian temples – basilicas – began to appear. In modern Sofia, the churche of St. Sophia and St. George Rotunda have been preserved. The Silistra Tomb with its exceptional murals dates from this period.

In 395, the Roman Empire was divided in two parts – Eastern with the centre of Constantinople and Western with the centre of Rome. Present-day Bulgarian lands remained within the boundaries of the Eastern Empire, which was popular by the name of Byzantium in the Middle Ages.

The devastating attacks of the Goths, Huns and Avars during the time of the Great Migration of Peoples (4th-7th centuries) affected negatively the antique cultural heritage of Southeast Europe. Thracian lands were depopulated. The old Thracian population moved towards the large mountain ranges.

The tribes of the Slavs settled in the Balkan Peninsula in the 6th century. Their attacks against Byzantine towns and forts forced the Empire to take serious action to protect its territory.

ДУНАВСКА БЪЛГАРИЯ

През 681 г. предвожданите от кан Аспарух – син на великия кан Кубрат, Българи и местни славянски племена създават на Балканския полуостров Дунавска България. Новата държава доказва правото си на съществуване и се превръща в равнопоставен културен и политически противник на Византия. В условията на непрекъснат политически и идеологически натиск през IX в. България се превръща в една от трите велики европейски монархии.

Времето на царуването на цар Симеон Велики (893–927) е определено като Златен век на българското политическо и културно величие. То е резултат от приемането на християнството като официална държавна религия през 60-те години на IX в. по времето на княз Борис I (852–889) и от развитието и обогатяването на делото на светите братя Кирил и Методий.

В средата на IX в. Константин Философ, наречен Кирил, и неговият брат Методий завършват съставянето на първата българо-славянска азбука, т. нар. глаголица, както и преводите на свещените книги от византийски гръцки на старобългарски език. През 868 г. Кирил и Методий предприемат остър диспут с латинското духовенство, като оспорват пред папа Адриан II триезичната догма, съгласно която Словото на Бога може да бъде чуто и разбрано само на гръцки, латински и еврейски език, и с победата си в тази полемика отварят портите на християнската цивилизация пред Българите и пред славянския свят.

Константин-Кирил Философ починал в Рим през 869 г. Методий сам продължава

DANUBE BULGAIA

In 681, the Bulgarians were led by Khan Asparukh, the son of the great Khan Kubrat. Together with the local Slavic tribes they founded a new state on the Balkan Peninsula – Danube Bulgaria. The new state proved its right of existence and became a cultural and political rival of Byzantium. In the 9th century, Bulgaria emerged as one of the three great European monarchies despite the political and ideological pressures.

The reign of Tsar Simeon the Great (893–927) was the Golden Age of Bulgarian political and cultural progress. It was the result of the adoption of Christianity as the official state religion in the 60s of the 9th century at the time of Prince Boris I (852–889) and of the work of the Holy brothers, St. Cyril and St. Methodius.

In the middle of the 9th century, Constantine the Philosopher, called Cyril, and his brother, Methodius, created the first Bulgarian-Slavonic alphabet – the so-called Glagolic Script. They translated the holy books from the Byzantine-Greek language into the Old Bulgarian. In 868, Cyril and Methodius entered into a polemic with the Latin clergy. They attacked the three-languages dogma, according to which the Word of God could be heard and comprehended only in Greek, Latin and Hebrew, debating with Pope Adrian II. They won the polemic and opened the gates of Christian civilisation before the Bulgarians and the whole Slavic world.

Constantine-Cyril the Philosopher died in Rome in 869. Methodius continued their common work. In 873, he was

делото. През 873 г. той е ръкоположен за архиепископ на Великоморавия, където живее и работи до смъртта си.

През 886 г. част от учениците на двамата братя, преследвани от немското духовенство, намират достоен прием и блестящи условия за работа в християнска България на княз Борис I (852–889). Единият от тях, Наум, оглавява Плисковско-Преславската книжовна дейност, а Климент създава в Охрид онази азбука, която днес е позната като кирилица.

От България кирилицата се разпространява и в други страни. В миналото тази графична система се ползвала в румънските княжества Влахия и Молдова, в Литва и др. Днес на нея пишат в Македония, Русия, Украйна, Беларус, Сърбия и Черна гора.

Делото на Константин-Кирил и Методий и техните ученици има изключителен принос за изграждането на славянската и европейската средновековна култура. Кирил и Методий са тачени като български и общославянски светци в Русия, Сърбия, Влашко и Молдова. Папа Йоан Павел II със специална енциклика обявява Светите братя Кирил и Методий за "духовни покровители на Европа".

Сред средновековните титани на българския дух е и фигурата на Иван Рилски – светецът-покровител на Българите. Още на младини този ревностен християнин се уединява в пещера в близост до мястото, където днес се издига българската светиня – Рилският манастир – и се отдава на съзерцание и промисъл. Неговият светъл пример се превръща в непреходна емблема на Православието.

ordained as an archbishop of Great Moravia where he lived and worked until his death.

In 886, some of the disciples of the two brothers, persecuted by the German clergy, were welcomed in Christian Bulgaria. Prince Boris I (852–889) granted them extremely favourable conditions of work. One of them, Naum, headed the Pliska-Preslav School of Letters. Kliment created a new alphabet, known as the Cyrillic, in the town of Ohrid.

The Cyrillic spread from Bulgaria to other countries. In the past, the Romanian kingdoms of Wallachia and Moldova used that script. It was also used in Lithuania. Today, it is used in Macedonia, Russia, the Ukraine, Belarus and Serbia and Montenegro.

The work of Constantine-Cyril and Methodius and of their disciples had a great impact on the European medieval culture. Cyril and Mehodius are held in the highest regard as Bulgarian and pan-Slavonic saints in Russia, Serbia, Wallachia and Moldova. Pope John Paul II declared the Holy Brothers Cyril and Methodius the "spiritual patrons of Europe".

Ivan Rilski, the Bulgarians' patron saint, is one of the medieval titans of Bulgarian spirit. He was a righteous Christian and retreated in a cave near the site of the present-day Bulgarians' holy place of worship – Rila Monastery when he was a young man. There he meditated and concentrated, becoming an eternal emblem of Orthodoxy.

В СЯНКАТА НА ЧУЖДА ВЛАСТ

Блестящата цивилизация на средновековните Българи е прекъсната от турското нашествие през XIV в. България е завладяна и принудително включена за близо пет века в Османската империя.

В средата на XVIII в. започва епохата на Българското възраждане. Борбата за независима църква, издаването на книги, а по-късно и на периодика на български език, създаването на светски български училища и официализирането на езика и културата са стъпките към възраждането на нацията. Особено важен момент е написването на "История славянобългарска" от монаха Паисий Хилендарски (1762 г.). Започва движение за национално освобождение, в което фундаментална фигура е Васил Левски (1837–1873) – национален герой на Българите, наричан "Апостола на свободата".

Априлското въстание от 1876 г. е преломен момент в борбите за свобода на Българите през Възраждането. Кървавото му потушаване поставя "българския въпрос" пред световната демократична общественост и предизвиква Руско-турската война от 1877–1878 г., довела до Освобождението на България от османска власт (1878 г.).

IN THE SHADOW OF FOREIGN RULE

The brilliant civilisation of the medieval Bulgarians was interrupted by the Turkish invasion in the 14th century. Bulgaria was occupied and forcefully included into the Ottoman Empire for nearly five centuries.

Bulgarian Revival started in the middle of the 18th century. The initial steps were the struggle for an independent church, the publishing of books and later of periodicals in the Bulgarian language, the foundation of secular Bulgarian schools and the granting of official status of the mother tongue and culture. The writing of "A Slavonic-Bulgarian History" by the monk, Paisiy Hilendarski, was of major importance (1762). A national liberation movement started. Its fundamental figure was Vasil Levski (1837–1873) – the national hero of the Bulgarians who was called "The Apostle of Freedom".

The April Uprising of 1876 was a turning point in the struggle for independence of Bulgaria during the Revival Period. Its cruel suppression by the Turks raised "The Bulgarian Question" before the world democratic community and caused the Russian-Turkish War of 1877–1878. The latter resulted in Bulgaria's Liberation finally achieved in 1878.

ПЪТЯТ КЪМ МОДЕРНОСТТА

След Освобождението България предприема първи стъпки на приобщаване към цивилизования европейски свят. Периодът 1878–1944 г. е време на модернизация, на търсене на нови пътища и насоки. Участието на страната в две балкански войни (1912–1913), в Първата и във Втората световна война е неуспешен опит за постигане на национално обединение, който води след себе си няколко национални катастрофи. Израз на българската воля за общочовешка толерантност е безпрецедентното спасяване на българските Евреи по време на Втората световна война.

На 9 септември 1944 г. в България се установява правителството на Отечествения фронт. През следващата година страната е провъзгласена за република. На власт идва Българската комунистическа партия. Политическите партии извън Отечествения фронт са забранени, икономиката и банките са национализирани, обработваемата земя е организирана в кооперации. До края на 80-те години на века България е част от политическите, военните и икономическите структури на т. нар. Източен блок.

10 ноември 1989 г. слага началото на демократичните промени в България. Приета е нова конституция (1991 г.), политическите партии са възстановени, собствеността, отнета през 1947 г., е върната, стартира приватизация.

В третото хилядолетие България и Българите виждат света като поле за благородно състезание на дух и мисъл. С бързи темпове те се интегрират в семейството на останалия свят като носители на общочовешки ценности и идеали.

THE WAY TO MODERNITY

After the Liberation, Bulgaria took its first steps towards joining the civilised European world. The period of 1878–1944 was a time of modernisation and search for new ways and meanings. The country's participation in the two Balkan wars (1912–1913) and World War I and II was an unsuccessful attempt to achieve national unification, which resulted in two national catastrophes. Bulgarians' general human tolerance was ultimately expressed in the only one of its kind saving of the Jews of the nation in the Second World War.

On 9 September 1944, a government of the Fatherland Front was formed in Bulgaria. The country was declared a Republic on the following year and the Bulgarian Communist Party gained the power. All political parties outside the Fatherland Front were banned, the industry and banks were nationalised and the arable land was "collectivised". Until the end of the 80s, Bulgaria remained within the political, military and economic structures of the so-called East Block.

The date 10 November 1989 marked the beginning of the democratic changes in Bulgaria. A new Constitution was adopted (1991), the freedom of political parties was restored, private property and land ownership was restituted, and privatisation began.

In the 3rd millenium, Bulgaria sees the world as a field of noble competition of the spirit and thought. The Bulgarians are integrating fast in the family of the nations as bearers of general human values and ideals.

България се събужда с изгрева.
И с първите слънчеви лъчи поруменяват планински върхове и стройни борови върхари, грейват била, поляни, долини и равнини. Проблясват в светлината на утрото морски вълни и планински потоци, сребреят серпантините на реки и езерни води. Озарени от слънцето, пулсират с посланията си хиляди знаци на древността – крепости, дворци, селища, светилища ...
Утринен птичи хор огласа щедрата хубост на българската земя и се слива със звънкия шум на събуждащите се градове и села. Денят заявява шумно своя ритъм и хората го следват.
В ефира се преплитат новини, звучи музика, долавя се пулсът на света ...   България е готова да посрещне още един ден от хилядолетния си живот.
Започва денят на България.
Заповядайте, ще ви я покажем такава, каквато е ...

Bulgaria is awakening with sunrise.
And with the first rays of the sun the mountain peaks light up with tall pine tops, shining ridges, meadows, valleys and plains. Sea waves and mountain streams glisten in the morning light. The meanders of rivers and lakes gleam. Thousands of signs of antiquity pulsate with their messages in the sunshine – fortresses, palaces, settlements, shrines ...
A morning bird choir sounds over the generous beauty of the Bulgarian land and merges with the sharp noise of the wakening towns and villages. The day declares noisily its rhythm and the people follow suit.
Broadcast news and music is heard; the pulse of the world is felt ... Bulgaria is ready to meet another day of its thousand-year-long life.
Bulgaria's day begins.
Come along and we'll show you what it really is ...

Роден на земята, човек копнее за небесния простор, за волния полет на птицата, за свободата да обхване с поглед неповторимостта на света и да добави нещо от себе си. Скътал в сърцето си този копнеж, човекът пресътворява мечтата си – в багра, рисунка, в красив съд или в песен. И извисен от творческия си порив, някъде там между мечтата и сътвореното, неусетно преоткрива земята, своя род и себе си.

Born on the ground, man longs for the sky, the free flight of the bird, the freedom to observe the exclusivity of the world and to add something to it. Man has hidden that yearning in his heart and has been procreating his dream in painting, drawing, a beautiful vessel or in a song. And, elevated by his creative effort, soaring between dream and reality, he rediscovers the land, the people and oneself.

Езерата...
 Дълбоки, спокойни, непроницаеми води, приютили върхари, пътуващи облаци и късчета небесна синева. Проблясващи повърхности, отколе омагьосващи твореца да ги насели с легенди и приказни създания.
 Очите на българската земя, доверчиво вперени в безкрая на вселената...

The Lakes...

Deep, tranquil, impenetrable waters, hiding the treetops, floating in the clouds and the blue skies. Shimmering surfaces, which have always enticed man to fill up with legends and fairy creatures.

The eyes of the Bulgarian land, trustingly looking in the endlessness of the universe...

Созополски фиорди
Fiords near the town of Sozopol

Мозаична керамична икона на св. Теодор Стратилат, (IX-X в.) от Патлейна, Велики Преслав

A ceramic icon of St. Theodore Stratilat, (9th-10th c.), the Monastery of Patleina, Veliki Preslav

Н АСЛЕДСТВОТО

HERITAGE

Някъде там, в недрата си, земята ни пази спомен за човешко присъствие от далечни, праисторически времена. Пази следите на хиляди години живот.

Векове наред тази земя е кръстопът на племена и народи. Тук се преплитат нрави, култури, религии – смесват се, влияят си, проникват една в друга. Траки, гърци, римляни... Все богати с култура и история народи. Далече в миналото остават битки и съперничества. Само стремежът към творчество, присъщ на човека от всички епохи, съпътствал го в земния му път, материализира посланията му във времето.

Стотици хиляди са културните знаци, оставени в наследство по българските земи...

Somewhere deep in its bowels, our land has kept the memory of human presence since distant, pre-historic times. It keeps the traces of a thousand-year-long life.

For centuries, this land has been the crossroads of tribes and peoples. Customs, cultures, religions mingle, influence, penetrate each other. Thracians, Greeks, Romans... Peoples – rich in history and culture. Battles and rivalries remain into the distant past. Only the urge for creativity, characteristic of man in all epochs, has followed man and has materialised in his messages throughout the years.

Hundreds of thousands are the cultural signs, left back across the Bulgarian lands...

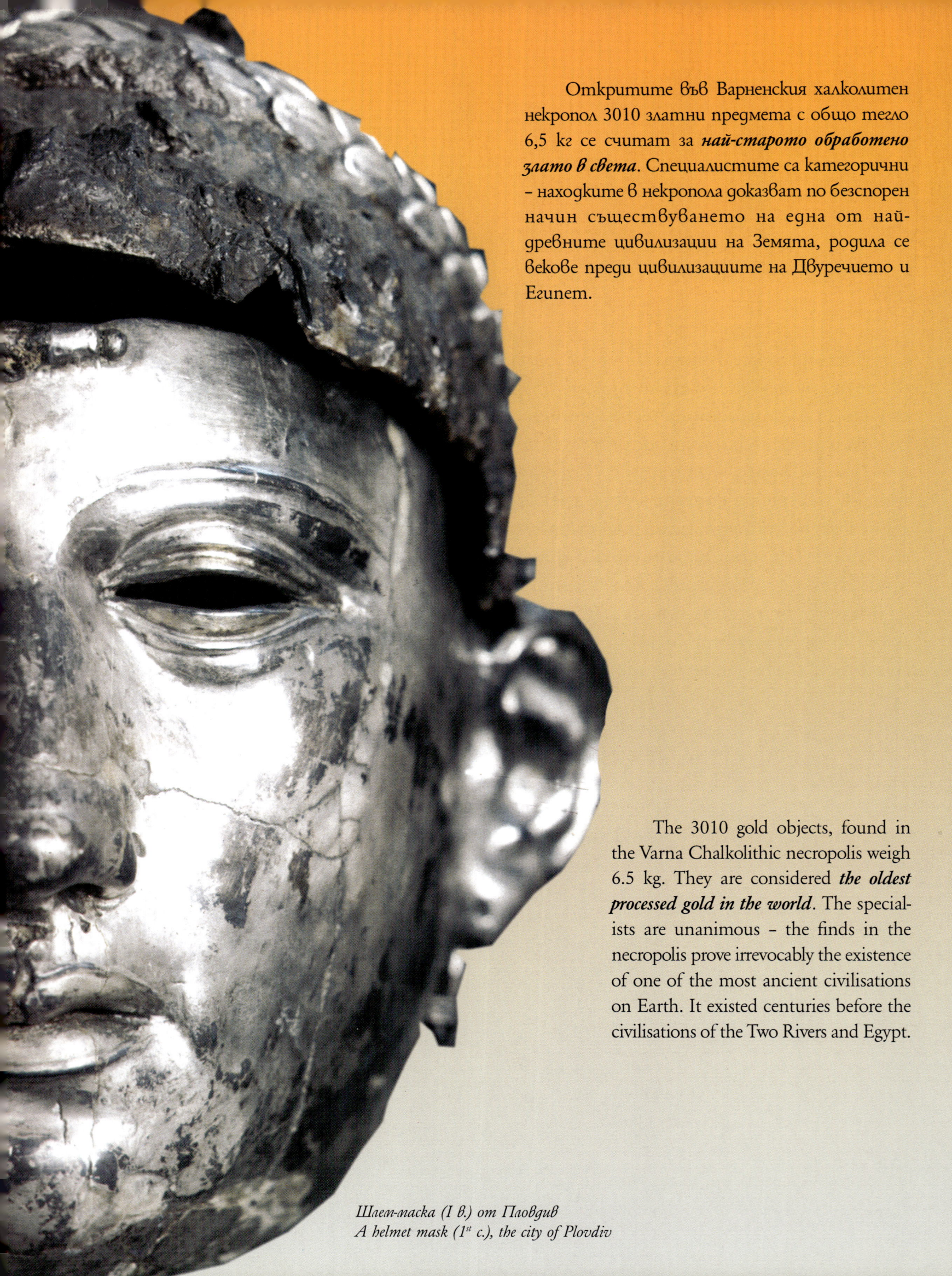

Откритите във Варненския халколитен некропол 3010 златни предмета с общо тегло 6,5 кг се считат за *най-старото обработено злато в света*. Специалистите са категорични – находките в некропола доказват по безспорен начин съществуването на една от най-древните цивилизации на Земята, родила се векове преди цивилизациите на Двуречието и Египет.

The 3010 gold objects, found in the Varna Chalkolithic necropolis weigh 6.5 kg. They are considered *the oldest processed gold in the world*. The specialists are unanimous – the finds in the necropolis prove irrevocably the existence of one of the most ancient civilisations on Earth. It existed centuries before the civilisations of the Two Rivers and Egypt.

Шлем-маска (I в.) от Пловдив
A helmet mask (1st c.), the city of Plovdiv

Находки от Варненския халколитен некропол (V хил. пр.Хр.)

Findings from Varna Chalkolithic Necropolis (5th millenium BC)

Аскос с графит (IV хил. пр.Хр.), Телиш. Златна купа (XII–X в. пр.Хр.), Белене. Куатова фигура. Съд с лице на човек. Антропоморфен идол

A vessel (askos) with graphite (V milenium BC), the village of Telish; a golden bowl (12th-10th c. BC), the town of Belene; a cult figure; a vessel with a man's face; anthropomorphic idol

Откритието на грандиозния тракийски храм от края на V и IV в. пр. Хр., който се явява възлово място на голям култов център с няколко десетки гробни могили и множество скални светилища, се превръща в археологическо събитие, определяно като № 1 за целия XX в. Дали пък наистина не е открит Големият храм на обожествения тракийски владетел Ситалк...

The finding of the grandiose Thracian temple in the end of the 5th and the 4th century BC, which is the focus of a large cult centre with tens of tomb hills and many rock shrines, has become an archaeological event. It is considered the No.1 archaeological event of the 20th century. Is it not the Great Temple of the divine Thracian ruler, Sitalkes?

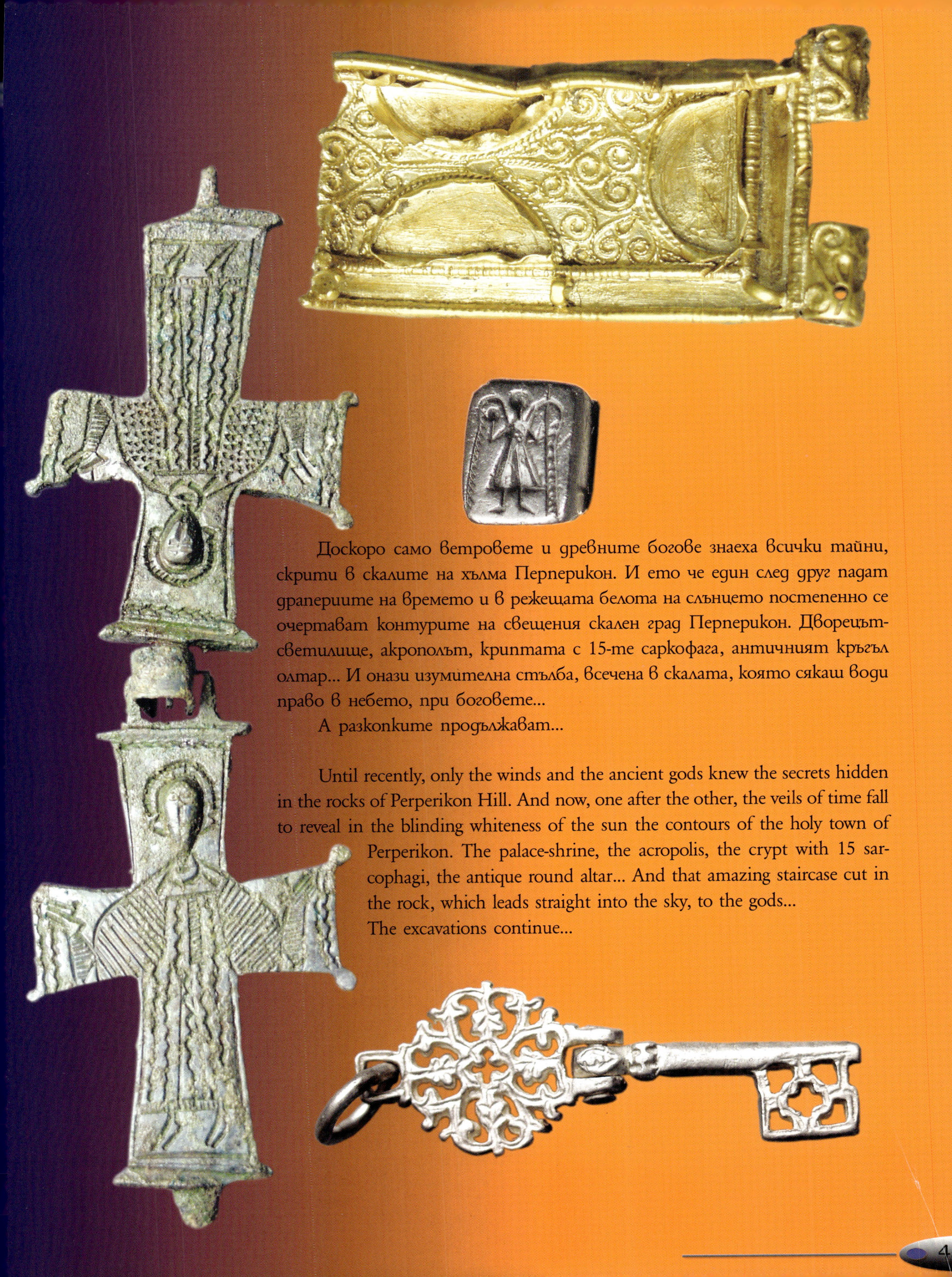

Доскоро само ветровете и древните богове знаеха всички тайни, скрити в скалите на хълма Перперикон. И ето че един след друг падат драпериите на времето и в режещата белота на слънцето постепенно се очертават контурите на свещения скален град Перперикон. Дворецът-светилище, акрополът, криптата с 15-те саркофага, античният кръгъл олтар... И онази изумителна стълба, всечена в скалата, която сякаш води право в небето, при боговете...

А разкопките продължават...

Until recently, only the winds and the ancient gods knew the secrets hidden in the rocks of Perperikon Hill. And now, one after the other, the veils of time fall to reveal in the blinding whiteness of the sun the contours of the holy town of Perperikon. The palace-shrine, the acropolis, the crypt with 15 sarcophagi, the antique round altar... And that amazing staircase cut in the rock, which leads straight into the sky, to the gods...

The excavations continue...

Древните траки, създателите на една уникална хилядолетна култура, не престават да ни изненадват с посланията си и днес. От смълчания под водите на язовир "Копринка" град Севтополис, столицата на тракийския владетел Севт III, през изумителните съкровища с блясък на сребро и злато, до стенописите, гробниците, храмовете ...

The ancient Thracians, creators of a unique thousand-year-long culture, do not stop to amaze us with their messages – from the town of Sevtopolis, quieted under the waters of Koprinka Dam, the capital of the Thracian ruler Sevt III, through the astounding treasures of silver and gold to the wall paintings, tombs, temples ...

Плоча с древногръцки надпис от тракийския град Севтополис (IV-III в. пр.Хр.), днес под водите на язовир "Копринка"

A stone slab with an Old Greek inscription from the Thracian town of Sevtopolis (4th-3rd c. BC), today at the bottom of Koprinka Dam

С изящество и художествено съвършенство сияят тракийските съкровища, открити по българските земи. Светът с удивление посреща всяка изложба на тези изумителни творения на тракийската култура, меко греещи с благородния блясък на сребро и злато. Филигранни ритуални съдове и елегантни предмети от бита, ефирни накити, войнски украси, символи на власт и мощ...

Дори великият Омир, поразен от чудните златни доспехи на тракийците, възкликва възторжено в "Илиадата": *Не подобава на смъртни люде да ги носят, а най-подхождат на безсмъртни богове.*

Thracian treasures, found in Bulgarian lands, shine with their exquisiteness and artistic perfection. The public meets with awe every exhibition of those amazing artefacts of the Thracian culture, which shine mildly with their gold and silver light. Filigree ritual vessels and elegant objects of everyday life, fine decorations, war ornaments, symbols of power and might...

Even great Homer was stunned by the wonderful gold armour of the Thracians and exclaimed in the "Iliad": *It is not fit for mortals to wear them, they are fit for immortal gods.*

Рогозенско съкровище (V–IV в. пр.Хр.)
Golden treasure from the village of Rogozen (5th–4th c. BC)

Панагюрско златно съкровище (IV-III в. пр.Хр.)

Golden treasure from the town of Panagyurishte (4th-3rd c. BC)

Летнишко съкровище (IV в. пр.Хр.)

Treasure from the village of Letnitsa (4th c. BC)

Тракийски конник – Херос (III в.), Брестник
A Thracian Horseman – Heros (3rd c.), Brestnik

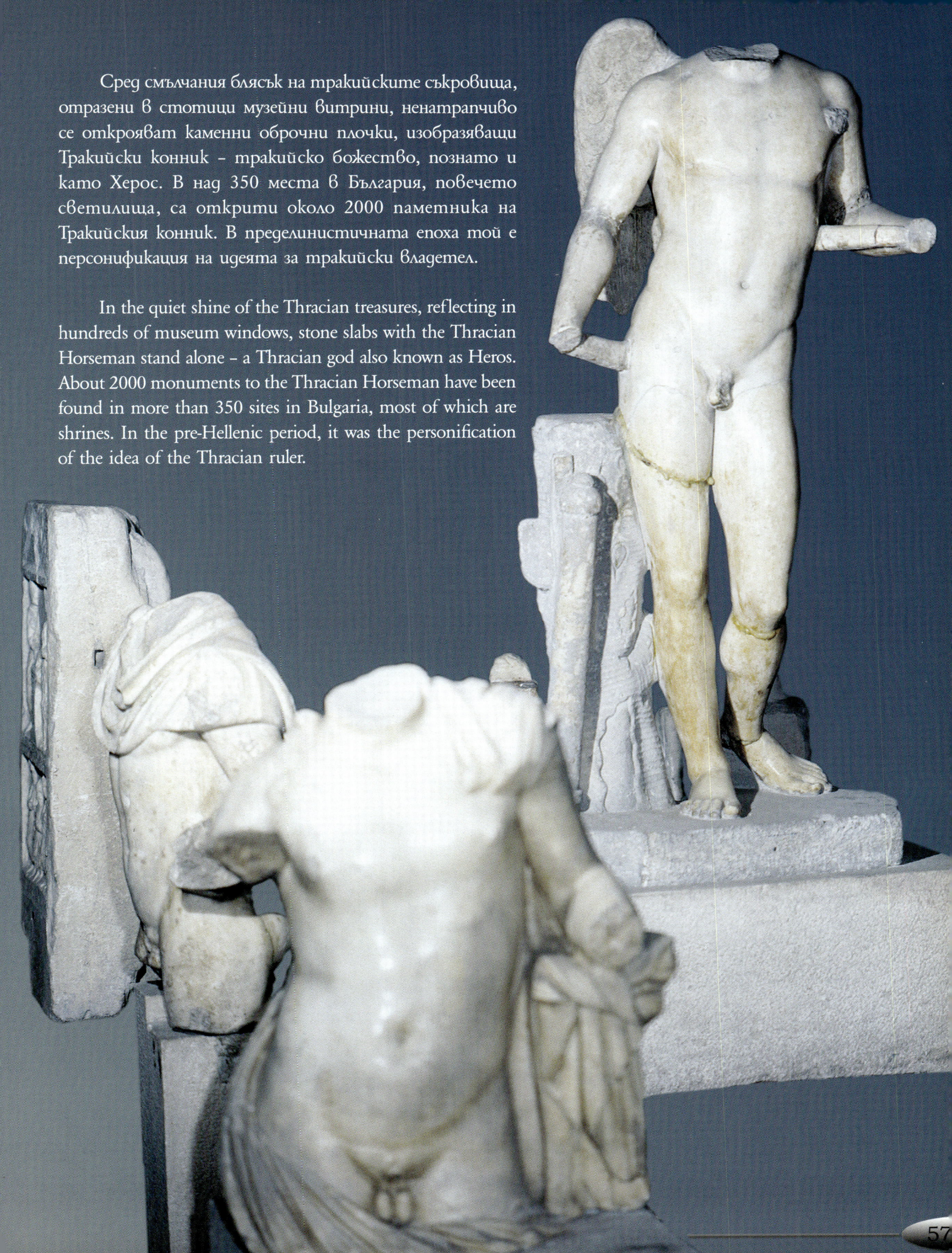

Сред смълчания блясък на тракийските съкровища, отразени в стотици музейни витрини, ненатрапчиво се открояват каменни оброчни плочки, изобразяващи Тракийски конник – тракийско божество, познато и като Херос. В над 350 места в България, повечето светилища, са открити около 2000 паметника на Тракийския конник. В предилинистичната епоха той е персонификация на идеята за тракийски владетел.

In the quiet shine of the Thracian treasures, reflecting in hundreds of museum windows, stone slabs with the Thracian Horseman stand alone – a Thracian god also known as Heros. About 2000 monuments to the Thracian Horseman have been found in more than 350 sites in Bulgaria, most of which are shrines. In the pre-Hellenic period, it was the personification of the idea of the Thracian ruler.

Римски античен театър (II-III в.), Пловдив	A Roman antique theater (2ⁿᵈ-3ʳᵈ c.), the city of Plovdiv

Ротонда "Св. Георги" (III–IV в.), София
St. George Rotunda (3rd–4th c.), the city of Sofia

Конете по българските земи – жалоните на не една епоха, които носят послания с пулсиращия ритъм на конски тропот. Предметите на материалната култура, открити по българските земи, изобилстват с изображения на конници и коне. Конници амулети, оброчни плочки с конници, конят като свещен символ на небето и слънцето, коне в галоп, в мир и в бран.

Препускам конете на древните българи – и в пожълтелите страници на документите, и в паметта на народите. Конниците на кан Аспарух. Силуетите им чертаят хоризонтите на Дунавска България. Конниците на цар Иван Шишман тръгват срещу турските завоеватели, за българското име се сражават. Като ярка, тревожна мълния прорязва Балкана Хвърковатата чета на Бенковски, литнала срещу турския поробител. В паметта на историята тежко пристъпят конните обози от зимното преминаване на Стара планина в лютия студ на 1877-1878 г., когато се ражда заветната СВОБОДА...

Horses in Bulgarian lands – the stepping-stones of many epochs, which carry their messages with the pulsating rhythm of horse steps. The artefacts of the material culture found in the Bulgarian lands are rich in images of horsemen and horses. Horse amulets, plaques with horsemen, the horse as a holy symbol of the sky and the sun, galloping horses in peace and war.

The ancient Bulgarians' horses gallop – in the yellowing pages of documents and in the people's memory. Khan Asparukh's horsemen. Their silhouettes mark the horizons of Danube Bulgaria. Tzar Ivan Shishman's horsemen start against Turkish invaders to fight in the name of Bulgaria. Like a bright, anxious lightning, the Flying Squadron of Benkovski dashes across the Balkans, flying against the Turkish occupier. In the memory of history, the cavalcades of the winter crossing of the Balkans move heavily in the bitter cold of 1877-1878 when the dreamed LIBERTY was born.

Конник победител - изображение върху кана от българското златно съкровище от Наги сент Миклош (VII-IX в.)

Horseman Victor. An image on a jug, part of the Bulgarian golden treasure from Nagi Saint Miklosh (7th-9th c.)

Древнобългарски амулети (X в.), Гиген
Ancient Bulgarian amulets (10th c.), the village of Gigen

В **Списъка на световното културно и природно наследство под закрилата на ЮНЕСКО** са включени и 9 български обекта. Девет безценни бисера, които искрят сред приказните богатства в световната съкровищница: *Скалният релеф Мадарски конник, част от Националния парк Пирин, Боянската църква, Ивановските скални манастири, тракийските гробници край Казанлък и Свещари, Старинният град Несебър, Рилският манастир, биосферният резерват "Сребърна".*

Те са и принос, и покана към света – да види българската страна, да се запознае с българската култура, да усети духа на българския народ.

Покана към света да открие за себе си България.

Nine Bulgarian sites are included in the **UNESCO list of the world's cultural and natural heritage**. Nine invaluable pearls, which shine in the wonderful riches of the world treasure: *The rock relief of the Madara Horseman, part of the Pirin National Park, Boyana Church, Ivanovo Rock Monasteries, the Thracian Tombs near Kazanlak and Sveshtari, the Old Town of Nesebar, Rila Monastery, Srebarna Biosphere Reserve.*

They are a contribution to the world's intellectual art heritage and an invitation – to see Bulgaria, learn about Bulgarian culture, feel the spirit of Bulgarian people.

An invitation to the world to discover Bulgaria.

Мадарският конник - най-значимият паметник на монументалното изкуство от епохата на ранното средновековие

Madara Horseman - the most important testament of monumental art of the early Middle Age Period

Пирин. Непристъпна и необикновено красива, планината съхранява разнообразна и уникална екосистема.

Pirin - wild and extremely beautiful mountain with varied and unique ecosystem.

Боянската църква със своите уникални стенописи (1259 г.) е паметник на културата със световно значение.

Boyana Church with its unique frescos (1259) is a monument of culture of worldwide significance.

Ивановските скални манастири. Средновековни монашески обители, съхранили скъпоценно художествено наследство
Ivanovo Rock Monasteries - medieval monks' cells, keeping a precious artistic heritage

Казанлъшката гробница (IV-III в. пр.Хр.). Изключителните й стенописи са художествени свидетелства за живота и обичаите на тракийската аристокрация

Kazanlak Tomb (4th-3rd c. BC). Its exceptional murals are artistic evidence of the life and customs of the Thracian aristocracy

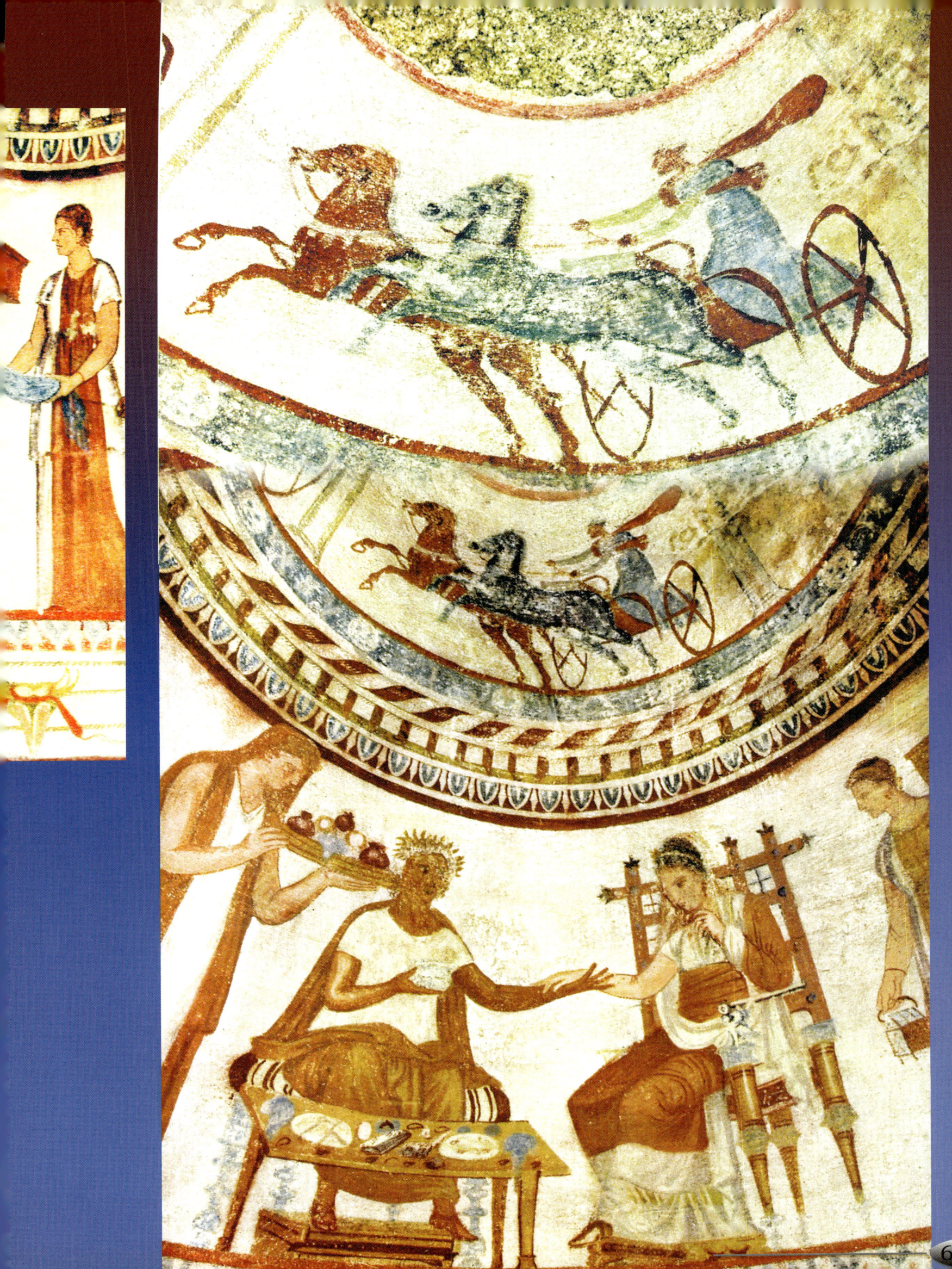

69

Тракийската гробница при с. Свещари (III в. пр.Хр.) - художественият знак на древните майстори, живописци и скулптори

The Thracian Tomb near the village of Sveshtari (3rd c. BC) - an artistic gift inherited from ancient master painters and sculptors

Старинният град Несебър – приказният паметник на хилядолетната културна история по българските земи

The Old Town of Nesebar – a legendary monument of the thousand-year-long cultural history in the Bulgarian lands

Риалският манастир – най-големият манастирски комплекс в България, връх в българската църковна архитектура на Възраждането, духовен център на българите

Rila Monastery – the biggest monastery complex in Bulgaria; the top achievement of Bulgarian church architecture of the Revival period; the spiritual centre of the Bulgarians

Сребърна - биосферен резерват, красиво съчетал редки растения, птици, земноводни и водни животни

Srebarna - the biosphere reserve, which mixes naturally rare plants, birds, amphibians and water animals

Неподвластно на разума, грандиозното природно наследство предопределя творческия потенциал на родения на тази земя. Застанал сам сред стаеното безмълвие на природните феномени, човек се усеща покорен и същевременно извисен от силата, която излъчват. Ваяни хилядолетия или излети от мигновения взрив, тези творения на родната природа са истинско предизвикателство за човешкото въображение. Сред ръждивочервеникави или обвити в сивкав мъх скали загадъчно се открояват смътно познати образи, като далечно ехо отеква вълнуващ ритъм от Дионисиеви вакханалии или внезапно те връхлита омагьосващата сила на Орфеевата флейта...

В причудливи каменни грамади над речни меандри пулсират закодирани послания.

Grandiose natural heritage, independent of reason, determines the creative potential of the people, who have been born in this land. Standing amidst the hushed quietness of the natural phenomena, man feels submitted and also exulted by the power they emit. Built for centuries or cast by a momentary burst, these creations of motherland's nature are a real challenge to human imagination. Among the rusty red or moss-covered rocks, vaguely familiar images emerge intriguingly. An exciting rhythm from the Dionysus Bacchanalias echoes like a distant sound or suddenly the bewitching force of Orpheus's flute overcomes you...

Encoded messages throb inside strange stone heaps over river meanders.

Мелник   *The town of Melnik*

Златните мостове на Витоша. *Белоградчишките скали* в Стара планина. *Вкаменената сватба* в Родопите. *Побитите камъни* край Варна

Zlatnite Mostove (the Golden Bridges) in Vitosha Mountain. **Belogradchishki Skali** (rocks) in the Balkan Mountains. **Vkamenenata Svatba** (The Stoned Wedding) in the Rhodope Mountains. **Pobitite Kamani** (The Upright Stones) near the city of Varna

Колело на живота *(XIX в.) от църквата в Бистрица, Благоевградско*
The Circle of Life *(9th c.), from the church in the village of Bistritsa, Blagoevgrad region*

ВРЕМЕТО

В почуда застинал пред творческия размах на природата, човек става особено чувствителен към безшумния бяг на времето.

Всичко се променя, едно умира, ново се ражда... и все пак, все пак има една истина, един факт, който е безспорен. БЪЛГАРИНЪТ. Векове преди появата си по тези земи до ден днешен той не е губил името си, не се е отказвал от българския си род. Понесъл през бурната си и трудна история много битки и рани, много мъка и страдание, той е запазил свещения трепет в сърцето си – гордостта, че е Българин. Една истина, неподвластна на времето.

...Лети колата на времето и вятър разпилява страници и съдби. В огледалото за обратно виждане днешният българин улавя силуетите на отминаващите векове на българската история. Във вихрушката от събития той е прашинката, блеснала на фона на вечността. Но точно той е този, който твори историята. И негова е отговорността – за изграденото и разрушеното, за пренесеното и оцелялото във времето...

TIME

Stunned in amazement before the creative force of nature, man becomes especially sensitive to the silent movement of time.

Everything changes, one thing dies and a new thing is born ... Still, there is one truth, a fact, which cannot be denied. THE BULGARIAN. For centuries before his appearance in these lands to present, he has not lost his name, has not given up his Bulgarian origin. He has gone through many fights and wounds in his turbulent and difficult history, much pain and suffering. But he has preserved the sacred excitement in his heart – the pride of being Bulgarian. A truth, which is not subordinate to time.

The car of time is flying and the wind is spilling pages and fates. In the rear view mirror, the modern Bulgarian catches glimpses of silhouettes of passing centuries of history. He is just some dust in the swirl of events flashing against the background of eternity. But it is exactly he who creates history. And he is responsible for what has been built and destroyed, transferred and survived in time ...

Васил Левски. Апостолът на българската свобода.
Един човек, белязал българското време.
Един българин, станал мерило за безсмъртие.
Една личност, неподвластна на времето.
... Най-свидният син на България.

Vasil Levski. The Apostle of Bulgarian Liberty.
A man who has marked Bulgarian time.
A Bulgarian who has become the measure of immortality.
A person, not subordinate to time.
Bulgaria's dearest son.

Всяка епоха, макар и по своему, е подвластна на времето. Човекът в древността се покланя пред вечността. Динамично устременият съвременник е в надпревара с времето. Подвластен на настоящето, той иска да го контролира, държи да оползотвори всяка една от шейсетте секунди в минутата. И някъде по този път е човекът творец, направил видим хода на отминаващите часове. Стотици хиляди тиктакащи часовници, часовници филигранни бижута, часовникови камбанарии, невероятна електроника и още, и още – категоричен и видим е стремежът на човека да съизмерва красиво делата си с времето.

Each epoch is subordinate to time in its own way. The ancient man worshipped eternity. The dynamic contemporary competes against time. Subordinate to the present, he wants to control it, to make use of each and every one of the sixty seconds in a minute. And somewhere along this continuum, the creative man has made visible the movement of the passing hours. Hundreds of tick-tacking clocks – fine jewels, clock towers, sophisticated electronics and more – make visible man's need to measure his deeds in time.

ФОЛКЛОРЪТ

Запазил спомен за древно начало, прихванал от светлата магия на стародавни празници, песни, танци и обичаи, той продължава вековните традиции. Но все тъй се получава – творец по природа, на българина все му се ще да притури още едно цвете в пъстрия букет, да втъче нова, непозната шарка, да изплаче мъката си в песен, ама с една такава извивка, дето никой до днес не е чувал...

И да се чудиш откъде е тази пъстра, жива красота. Ами, ето я – в Балкана, до поточето, под бряста, сред кукуряка... Очите са я срещнали, сърцето е кимнало, ръцете са я родили.. Синичкото от небето, яркожълтото от слънцето, червеното от мушкатото, зеленото от тревата по полето и листата на гората. А тази тук – тъмната преплетена нишка – е от онзи смугъл мъжки поглед, устрелил моминското сърце с огън, що оставя човека буден до съмване...

Ей така се ражда българският фолклор – хем от онова, дето още от дедите си знаем, хем от туй, дето се чува и вижда – от зимния вятър в нощта, от бълбукането напролет, от скок на сърна или от полет на птица с пъстри пера. Но най-вече от сърцето, уцелено внезапно и безвъзвратно – от красота, от любов, от мъка... И този порив е като дишането – без него се умира.

А тази магия, дето пленява всеки, докоснал се до българския фолклор?

Необяснима е, нали е магия ...

FOLKLORE

The folklore of the Bulgarian...
Keeping the memory of the ancient beginning, adopting the light magic of old festivals, songs, dances and customs, he continues the centuries-old traditions. However it always happens that the creative nature of the Bulgarian adds flowers to the coloured bouquet, weaves a new shade, sings out sorrow in a new song with such a curve that nobody has ever heard..

One wonders where that motley, live beauty comes from. Here it is – in the Balkan, by the brook, under the elm, in the crocus... Eyes have noticed it, heart has trembled, hands have created it... The blue of the sky, the yellow of the sun, the red of the wild geranium, the green of the grass in the field and the leaves of the forest. And this one – the dark interwoven thread – it is from the male look, setting the girl's heart on fire, the one that keeps one awake until dawn...

This is the way Bulgarian folklore was born – from what we know from our forefathers and from what we hear and see. The winter wind at night, the splashing in spring, the jump of a roe or the flight of a bird with coloured feathers. But mostly from the heart struck suddenly and irrevocably by beauty, love, sorrow... This urge is like breathing – one dies without it.

How about the magic, which captivates everyone who has come in contact with Bulgarian folklore?

It is inexplicable because it is magic and mystery...

    ... Трепнало сърцето – от любов ли, от радост ли и ето, родила се песен. Една въздишка от мъка – пак песен се излива. Имат българите песни бързи, имат и бавни, с едни такива трептения на гласа, сякаш трепетлика зъзне. Пеят се и други – тежки и дълбоки като въздишка в омагьосан кладенец. ...Завърта копчето на радиото си днешният българин. И трепва сърцето му от една песен. Протяжна песен от Родопа, родена преди векове сред меките гънки на планината, а днес лети в небесните простори на борда на "Вояджър" към среща с бъдещето...

    Ами българските танци... Бърз и отсечен е ритъмът на ръченицата, неповторима с чудното "надиграване", тежко и спокойно играят планинците в Родопа, ефирно леко потрепват с ръце жените от Добруджа – в танца им долавяш полъха на вятъра, разлюлял безкрайни житни полета...

A heart trembles – from love or from joy – and a song is born. A sigh of sorrow and again a song is composed. The Bulgarians have fast songs, and they have slow songs with quivering tunes like a shaking plant. Other songs are also sung – heavy, deep like the sigh in a bewitched well. The modern Bulgarian switches on his radio. A song touches his heart. A long-lasting song from the Rhodope, born centuries ago in the smooth folds of the mountain and flying today on board of the Voyager to meet the future...

And the Bulgarian dances... Fast and abrupt is the rhythm of the Rachenitsa – incomparable with its swift competitive steps. The people from the Rhodope mountains dance heavily and calmly. The women from Dobrudzha wave their hands lightly – one catches the whiff of the wind over the endless wheat fields...

... Като очи огнени греят припукващите въглени, а по тях ситно-ситно с боси нозе се носят нестинарите. Ритмично се полюшват телата, ръцете стискат иконата на светите Константин и Елена, полунаведената глава с притворени очи сякаш улавя звуци и послания, идващи от далечни времена.

The crackling cinders glow like fiery eyes and the fire-dancers' feet step lightly on them. Bodies sway in the rhythm, hands clutch the icon of Constantine and Elena; bending heads and half closed eyes catch sounds and messages coming from distant times.

... Кукерите – едно огромно дишащо мъжко множество, което е ритъм, цвят и енергия. Огнено ярки, невероятно пъстри, шокиращо контрастни. Магнетичен е този пролетен кукерски танц, символ на пробуждащите се природни сили за нов живот.
Древни обичаи, оцелели във времето...

Kukeri – one enormous breathing male multitude, which is rhythm, colour and energy. Fiery bright, extremely vibrant, shockingly contrastive. The spring dance of the Kukeri is magnetic. It is a symbol of stirring powers of nature starting their life anew.
The ancient customs, surviving in time...

Розата е най-красивият български символ. За нея се носят омайни легенди, съвършенството ѝ вдъхновява творци на багри, звуци и ритми. А българското розово масло – незаменимата съставка и в най-известните световни марки парфюми – се произвежда повече от триста години у нас. Една история с традиции и утринен аромат на рози. Защото розоберът почва преди изгрева – на границата между нощта и утрото, преди да е паднала росата и да се е разлистил розовият цвят.

Заповядайте в България в края на май или в началото на юни, когато цъфтят розите. Каним ви в Розовата долина – на Празника на розата...

The rose is the most beautiful Bulgarian symbol. Bewitching legends are told of it; its perfection has inspired creators of colours, sounds and rhythms. And the Bulgarian rose oil – a substantial component of the most famous world perfume brands – has been prodused for more than three hundred years in these lands. A history of tradition and morning aroma of roses. Rose harvesting starts before dawn – in the interval between night and day, before the dew has fallen and the rose buds have opened.

Come to Bulgaria at the end of May or the beginning of June when roses are in bloom. We invite you to the Valley of Roses, to the Festival of the Rose...

ЕМЯТА   LAND

Земята, родила дедите ни, нас и децата ни...

Докъдето погледът ти стига – простор и красота – тучни поля, бистри езера, прохладни гори, морски хоризонти...

Земята на България, събуждана от пролетни птичи песни, къпеща се в златния простор на лятото, меко сияеща в есенната пъстрота, сгушена в омагьосващата белота на зимата...

Богатата, щедра земя, мечтана от предците ни в безкрайните степни препускания в далечното минало.

Благодатната земя, която отглежда плодовете на нашия труд.

Благословената от Бога българска земя.

The land, which brought forth our ancestors and which has borne us and our children...

As far as the horizon – vastness and beauty – fresh fields, transparent lakes, cool forests, sea views.

The land of Bulgaria: awaken by birds' songs in spring, bathing in the golden space of summer, glowing in the mellow wealth of colours of the autumn, huddling in the bewitching whiteness of winter...

Rich, generous land, dreamed of by our forefathers in the endless steppe galloping in the distant past...

Giving land, which bears the fruits of our labour.

Bulgarian land, blessed by God.

Като стотици сребърни ленти са българските реки, лъкатушещи из страната. Планински, равнинни, крайморски, бързи и буйни или дълбоки и бавни, реките ни са щедър природен дар, без който е трудно да си представим плодородието на българската земя. Немислимо е и очарованието на родния пейзаж без уюта на крайречните долини с романтичните кътчета и сгушилите се манастирски обители, без детския смях край слънчева лятна вода и поклащащите се плувки на рибарските въдици. Реките скъсяват разстояния и свързват селища, места и хора.

Реката е движение, реката е живот...

Like hundreds of silver stripes, the rivers of Bulgaria flow across the country. In mountains, plains, by the sea, fast and turbulent or deep and slow, the rivers are a generous gift by nature without which we can hardly imagine the fertility of the Bulgarian land. The charm of the familiar landscape is unthinkable without the coziness of the river valleys, without the romantic corners and the cuddling monasteries, without the laughter of the children by the summer waters and the bobbing ends of the anglers' fishing rods. Rivers shorten the distances and connect settlements, places and people.

The river is movement, the river is life...

Кадин мост (XV в.) на р. Струма, Невестино
Kadin Bridge (15th c.) over the Strouma River, the town of Nevestino

Българското Черноморие – синьо-златна мечта в горещ летен ден...
The Bulgarian Black Sea Coast – blue-golden dream on a hot summer day...

За българина планината е нещо живо – от далечни времена тя е част от историята му, част от живота му. Запазили дълбоко в себе си свещения спомен за Бога-небе, древните българи са открили в мощната гръд на Балкана достойния заместник на родните Хиндукуш, Памир и Кавказ.

The mountain is something alive for the Bulgarian – since ancient times it has been part of his history, part of his life. The ancient Bulgarians kept the holy memory of the God-Sky and they found the worthy substitute for their Hindu Kush, Pamir and Caucasus motherland in the powerful chest of the Balkan.

Обича българинът планината, откакто се помни. През годините в нея търсят усамотение и убежище много български свети мъже – монаси и отшелници. За българските хайдути и воеводи тя е майчица-закрилница.
　И чудно ли е тогава, че за планината българинът е изпял едни от най-хубавите си песни. Като за най-близък приятел...

The Bulgarian loves the mountain and has been in love with it as long as he remembers. Many holy men – monks and hermits – have sought seclusion in it. It is the mother and the refuge of the Bulgarian freedom fighters.
　It is not strange, then, that the Bulgarian has sung some of his best songs for his closest friend...

В пещерата Леденика
Ledenika Cave

Пирински езера
Lakes in Pirin Mountain

Планината – величественото предизвикателство на природата, разточително разсипала била, масиви, върхове. Смайващо красиви и изключително разнообразни като релеф, климат и атмосфера са българските планини. До модерен курорт откриваш самодивско кладенче, край слънчева поляна се извисяват зъбери – истинско изпитание за алпинистите. Но в планините винаги можеш да намериш спокойствие, тишина, кристално чист въздух, вода. Знае българинът – дори когато държавата я няма, планината остава и на нея можеш да се довериш. Скрили в недрата си неизчерпаема животворна сила, планините пазят и хранят, предизвикват и утешават.

The mountain - the glorious challenge of nature has spread lavishly its ridges and peaks. Bulgarian mountains are amazingly beautiful and exceptionally varied in relief, climate and biosphere. Near a modern resort, one discovers a fairy well, near a sunny meadow, high peaks soar – defying the mountain climber. But one can always find calmness, quietness, crystal clear air and waters in the mountain. The Bulgarian knows – even if there is no state, the mountain remains and one can trust it. It hides in its bowels a life-bestowing force, it protects and feeds, challenges and soothes.

На 20 април 1984 г., в 18,15 ч., Христо Проданов стъпва на Еверест и става първият български алпинист, изкачил най-високия връх на планетата. И остава завинаги в ледената му прегръдка.
  Така се пише българската страница в световния алпинизъм – за предизвикателството на човешкия дух и вечния планински връх.

On 20 April 1984, at 18:15 hrs, Hristo Prodanov stepped on Mount Everest. He was the first Bulgarian mountaineer who climbed the highest peak on the planet. And he remained in its ice embrace forever.
  The Bulgarian page in world alpinism is being written – a story of the daring human spirit and the eternal mountain peak.

Курортът Пампорово
Pamporovo Resort

Курортът Слънчев бряг
Slunchev Bryag (Sunny Beach) Resort

Благословена е България и с извори целебни...

Малка е земята ни, но от недрата й извират повече от 600 минерални извора. Още в далечното минало край много от тях се раждат селища, оформят се водолечебници и места за преклонение пред изворни и речни богове. И днес откриваме следи от древни асклепиони и светилища на нимфите, мраморни колони, подови и стенни мозайки от разкошни минерални бани.

Съвременните ни балнеоложки центрове са известни далеч извън България с лечебните свойства на българските минерални води, с чудесните си оздравителни програми, с квалифицираните си специалисти...

Bulgaria is blessed with healing spas...

Our land is small but over 600 mineral water spas spring from it. Settlements were established near them in the distant past. Places of worship of water springs and river gods appeared. Today, we find traces of ancient asclepions and shrines of nymphs, marble columns, floor and wall mosaics of luxurious mineral baths.

Our modern balneological centres are famous for the therapeutic properties of the Bulgarian mineral waters, for the health programmes, for the qualified specialists.

Хисаря
The town of Hisarya

От стари времена виното е на почит по българските земи – по много съдове от различни епохи с финес и изящество са изрисувани виещи се лози, чепки грозде, живописни тържества с изкусни виночерпци...

Има един стар български празник – Трифон Зарезан. На този ден българинът отдава почит и уважение на труда на лозаря и на виното. Благословената течност, съхранила топлината на слънцето и на земята, винаги съпътствала живота на българина. Вино се прави от дълбока древност, с вино се свещенодейства, вино се лее в българския фолклор, вино се пие и в радост, и в мъка.

Господ здраве да дава на ръката, засадила лозата. И на майстора, направил виното. Глътката живителна течност, и тя да е благословена...

Wine has been honoured in the Bulgarian lands since antiquity – on many vessels of different epochs vines, grapes, and picturesque festivals with skilled wine makers appear...

There is an old Bulgarian festival – Trifon Zarezan. On this day, the Bulgarian pays tribute to the work of the wine makers and the wine. The blessed liquid, which embraces the warmth of the sun and the earth, has always accompanied Bulgarian's life. Wine has been made here since antiquity. Wine is used in religious services; wine is mentioned in the folklore, wine is drunk in joy and sorrow.

God bless the hand, which has planted the vine, and the master who makes the wine. God bless the life-giving liquid, too...

Ритон от тракийско съкровище (IV в. пр.Хр.), Борово, Русенско
A vessel (rhyton) from a Thracian treasure (4th c. BC), the village of Borovo, Rousse region

Ритон от тракийско съкровище (IV в. пр.Хр.), Борово, Русенско

A vessel (rhyton) from a Thracian treasure (4th c. BC), the village of Borovo, Rousse region

Велико Търново. Хълмът Царевец и Паметникът на Асеневци
The town of Veliko Tarnovo. Tsarevets Hill and the Monument to Assen Dynasty rulers

ОСНОВИТЕ

Отдалеко идват предците ни. Почувствали мощната опора на благословената земя, те разширяват държавата си на юг от река Дунав и обединяват в единна сила българи, славяни и траки. Препускащи по пътеката на времето, древните българи носят, закодирано в кръвта си, родовото умение да създават мощни и силни държави, да обединяват племената в народ...

... Така в 681 година кан Аспарух полага новите основи. Ражда се България, още една българска държава, оттогава до днес – все с българското си име. И с памет за историческата си приемственост.

FOUNDATIONS

Our forefathers come from the distant past. They felt the powerful support of the blessed land and they expanded Old Great Bulgaria to the south of the Danube. They unified into one force the Bulgarians, Slavs and Thracians. Thus, in 680, Khan Asparukh laid the foundations of modern Bulgaria after a great military victory. It has continued to exist to this moment with its Bulgarian name. And with the memories of its historical legacy.

The ancient Bulgarians, galloping along the trail of time, carry encoded in their blood their family skill of creating powerful states, of unifying the peoples into a nation.

... Няма ги старите български градове. Останали са само основите, яки и устойчиви, здраво споени със земята. Останали са свидетелствата за солидните градежи, издигнати с традиционните строителни умения, донесени от древните българи.

Монументалната архитектура на Плиска, Преслав и Мадара символизира и силата на централизираната власт, и цялата мощ на политическия, икономическия и духовен възход на държавата в ония години.

Голямата базилика в Плиска. Мадарското плато със следи от средновековната крепост. Крепостта Плиска

The Great Basilica in Pliska. Madara Plateau with remains of the medieval fortress. The Pliska Fortress

Many of the old Bulgarian towns are gone. Only the foundations remain, strong and enduring, firmly connected to the ground. The evidence of the solid buildings remains. They were raised due to the traditional building skills, which the ancient Bulgarians brought with them.

The monumental architecture of Pliska, Preslav and Madara symbolizes the power of the central government and the whole potency of the political, economic and spiritual upheaval of the state in those years.

"... Когато някой плебей и беден чужденец дойде отдалеч към придворните кули на княжеския дворец и ги види, той се чуди... Като влезе пък в двореца и види високи палати и богато украсени отвън църкви с камък, с дърво и багри, а вътре с мрамор и мед, сребро и злато, не знае с какво да ги сравни, защото не е виждал в своята земя друго освен сламени хижи... Ако ли пък му се случи да види и княза, седнал в мантия, обшита с бисер, със златен наниз на шията, с гривни на ръцете, препасан с кадифен пояс и висящ на бедро меч, а от двете му страни седнали боляри със златни огърлици, с пояси и гривни..., той ще рече: "Не зная как да разкажа това, защото само със собствените си очи бихте могли достойно да се начудите на красотата...""

Описание на Симеоновия дворец в "Шестоднев" на Йоан Екзарх (IX-X в.)

"...When a plebeian or a poor stranger arrives from afar and approaches the towers of the King's Palace, he is dazzled... When he enters the palace and sees the high buildings and the churches, richly ornamented with stone, wood and paints and in the inside decorated with marble and copper, silver and gold, he does not know what to compare them with as he has seen nothing else but straw cottages... And if it happens that he sees the King as well, sitting, with a mantle embroidered with pearls, with a golden necklace, with bracelets on his hands, with a velvet belt and a sword by his hip, surrounded by boyars with golden necklaces, belts and bracelets..., he would say: ... I don't know how would I tell about all these as it is that only with your own eyes you could well enough see the beauty..."

Description of the Palace of Tsar Simeon in Shestodnev by Yoan Ekzarch (9th-10th c.)

Преслав: Рисунка върху варовиков блок (IX в.);
Колона от тронната зала; Надгробен надпис
на чъргубиля Мостич (X в.).
Сребърна чаша на жупан Сивин (X в.);
Съд от българското златно съкровище
(VII-IX в.) от Наги сент Миклош;
Мраморен капител от Кръглата църква (X в.)

Preslav: a painting on a limestone block (9th c.); a column in the Throne Hall; a tombstone inscription about the noble man Mostich (10th c.). A silver cup of the ruler Sivin (10th c.). A vessel from the Bulgarian golden treasure from Nagi Saint Miklosh. A marble column decoration from the Round Church (10th c.)

Златен пръстен печат на цар Калоян (1197-1207). Част от Преславското златно съкровище (X в.)
A golden stamp-ring of Tsar Kalojan (1197-1209). A part of Preslav golden treasure (10thc.)

Червената църква (VI в.) в Перущица
The Red Church (6th c.) in the town of Peroushtitsa

Заредена с хилядолетни духовни послания, българската култура е сред най-ценното, сътворено от българите. Озарени от златната светлина на началото, те са орисани да творят в лъчите ѝ, а в мигове на творчески взрив – сами да раждат светлина.

Тя блещука далече назад – и в приглушените ритми на пастелни мозайки, и в оцелелите стенописни изображения, съхранени в раннохристиянските църкви...

Преоткрил през годините огромното си културно наследство, българинът постепенно осъзнава духовната мощ на съзиданието. Окрилен от откритието, той мощно и ярко разгръща творческата си енергия, като буквално вгражда душата си във всичко, което създава...

Charged with the thousand-year-long messages of the Bulgarian spirit, our culture is among our most valuable creations. The Bulgarians, illuminated by the golden light of the beginning, are preordained to work in its shine; and in moments of inflow of creative energy to create light themselves.

It flickers far back in time and in the hushed rhythms of pastel mosaics, in the surviving mural images in the early Christian churches...

The Bulgarian has rediscovered his enormous cultural heritage through the years and has gradually realized the spiritual power of creation. He is exulted by the discovery and displays his creativity by building his soul into everything he makes...

Църквата "Св. Никола" (XII в.) в Сапарева баня
St. Nikola Church (12th c.) in the town of Sapareva Banya

Постепенно избледняват образите на старите богове. В мелодията на българската духовност се вливат нови мотиви...

Светлината на историята озарява княз Борис I - Покръстителя, вдигнал ръка за благослов и окончателно приобщил българите към голямото семейство на християнските народи. Християнството не само обединило българи, славяни и траки в един народ, но утвърдило авторитета на българската държава в цивилизована Европа.

The images of the old gods are gradually fading out. New motifs enter the complex melody of Bulgarian soul...

The light of history sanctifies Prince Boris I The Baptist who raised his hand in blessing and finally joined the Bulgarians to the large family of the Christian peoples. Christianity not only unified the Bulgarians, Slavs and Thracians into one nation, but also strengthened the authority of the Bulgarian state in civilised Europe.

Св. Иван Рилски (IX-X в.) - небесният покровител на българския народ
St. Ivan Rilski (9th-10th c.) - the celestial patron of the Bulgarian nation

Бобошевски манастир   Boboshevo Monastery

Тасче. Сребро с позлата (XVII в.). Чипровска школа
Съвременна керамична икона на св. Иван Рилски.

A basin. Silver with gilt (17th c.). Chiprovtsi School of Art
Contemporary ceramic plate of St. Ivan Rilski.

Църква "Св. Богородица Петричка" в Асеновата крепост (XIII в.)
The Holy Virgin of Petrich Church in the Assenova Fortress (13th c.)

В яркия и съдбоносен девети век изгрява сияйното дело на духовните покровители на Европа – светите братя Кирил и Методий, дали на българите и на част от света писменост и духовна култура. Тръгва великото просветителско дело, подето от светозарните ученици на двамата братя, тъй ценно за общочовешката цивилизация. Това е и Симеоновият век – политическият и културен връх на средновековната българска държавност.

Златният век на българската книжнина и култура – времето на осъзнатата духовна мощ.

In the bright skyline of the 9th century, the work of the spiritual patrons of Europe – the holy brothers Cyril and Methodius shines. They gave the Bulgarians and part of the world their script and culture. The brilliant pupils of the two brothers continued the great educational endeavour, which was so important for the whole mankind. This is also the Age of Simeon – the political and cultural top of medieval Bulgarian statehood.

The Golden Age of Bulgarian writing and culture – the period of realized spiritual power.

Всяка година на 24 май българите честват Деня на българската култура и просвета и на българо-славянската писменост.

На този ден цял един народ с трепет и много цветя празнува своя Ден на буквите. Един празник без аналог в света!

The Bulgarians celebrate the Day of Bulgarian Culture and Education and the Bulgarian-Slavonic Script every year on 24 May. The whole nation rejoices on the Day of the Letters with flowers and emotion. It is a festival without an analogue across the world.

Черепишкото евангелие в обков (XVI в.). Сборник на поп Пунчо от Мокреш (XVIII в.)
Cherepish Gospel, plated (16th c.). Collection of Father Pouncho of Mokresh (18th c.)

Велико Търново
The town of Veliko Tarnovo

БЪЛГАРСКОТО ВЪЗРАЖДАНЕ

Бурно, сложно и емблематично време...

Свистящо от дързост и с радостно предчувствие за свободни хоризонти.

Време, в което се формира българската нация и националното самосъзнание, време на продължителни борби за национално самоопределение и признаване, за новобългарска просвета и църковна независимост, време на възраждане на културно-историческите ценности и създаване на самобитна национална култура с непознати дотогава образци. И най-сетне – времето, в което се осъществява националноосвободителната революция и идва тъй жадуваното освобождение от турска власт.

Нещо здраво и пречистващо има в ярката, въодушевяваща светлина, която носи Българското възраждане. Светлина, белязала пътя на новото време.

BULGARIAN REVIVAL

Rough, complex and emblematic time..

Shining with courage and with joyful achievements of freedoms.

A time in which the Bulgarian nation and the idea of national belonging was forming; a time of continued struggles for national definition and recognition, for new Bulgarian education and church independence; a time of reviving the cultural-historical values and creating unique national culture with novel outcomes. Finally, a time of realization of the national liberation revolution and achievement of the long wanted independence from Turkish rule.

There is something healthy and clean in the bright, enthusiastic light of the Bulgarian Revival. A light, which has marked the route to a new epoch in Bulgarian history.

Паметник на Паисий
Хилендарски, Банско
Скулптор Ст. Тодоров

A monument to Paisiy
Hilendarski, the town of Bansko
Sculptor St. Todorov

Календарът показва 1762 година... В манастирска килия, сред блед ореол в светлината на свещ, монахът Паисий започва да пише с твърда ръка *История славянобългарска*. Започва пробуждането.

The calendar shows 1762... In the monastery cell, in the halo of the candlelight, Monk Paisiy gan to write *A Slavic-Bulgarian History*.
The awakening began.

Възрожденските къщи – леки и ефирни, с красиви еркери и стотици грейнали прозорци. Ведра и спокойна е обстановката в просторните им стаи, елегантно изписани с виещи се лозници, акантни листа, птици. Оживяват селищата. Шумни търговци и пъстри чаршии променят облика им. Появява се и се развива новата българска архитектура – възрожденската. Израз на икономическа стабилност ли е целият този подем? Да, но и олицетворение на пробуденото национално самочувствие на българските занаятчии и търговци. Високо и гордо се извисяват красивите силуети на градските часовникови кули, отмерващи времето, пулса, духа на епохата.

Духът е в подем, творецът у човека е пробуден...

The Revival Period houses – light and delicate, with beautiful alcoves and lots of shiny windows. Serene atmosphere engulfs their spacious rooms, which are elegantly decorated with painted vines, leaves and birds. The settlements sprang to life. Loud traders and motley market streets changed their look. New Bulgarian architecture emerged and developed – the Revival Architecture. Is this upheaval the result of economic stability? Yes, but it is also the effect of the awoken national feeling of the Bulgarian craftsmen ad traders. The beautiful silhouettes of the town clock towers, measuring the time, the pulse and the spirit of the epoch, rise high and proud.

Възрожденски къщи от Самоков, Смолян, Карлово
Houses from the Revival Period in the towns of Samokov, Smolyan and Karlovo

В Стария Пловдив. Таван на Копривщенската стая в Рилския манастир
In the old part of the city of Plovdiv. The ceiling of the Koprivshtitsa room in Rila Monastery

Дърворезба от църквата "Св. Марина" в Пловдив
Woodcarvings in St. Marina Church in the city of Plovdiv

Дърворезба от Митрополитската църква в Самоков
Woodcarvings in the Bishop's Church in the town of Samokov

Пътниче, почини си на сянка, пийни си водица...
Надпис на стара каменна чешма

    Този чисто български феномен – да се гради чешма насред път, в долчинка, сред гора или площад, е спонтанен жест на българина открай време да прави добро ей така, без да търси отплата. Дали едва църцори, или се лее на плътна струя, дали е затисната с букова шумка, или към чучура ѝ е прикачена кратунка, уловената вода е благословена за уморения пътник. Отпиваш с благодарност живителната глътка, плисваш лицето си в горещия ден и тъй, както си приведен над водната струя, сторваш поклон пред ръката, измайсторила чешмата. И няма значение дали е писано-шарена, с камъчета редена или просто зидана...

Oh, traveller, rest in the shade, drink some water...
An inscription on old stone water fountain

    This is a purely Bulgarian phenomenon – the building of a water fountain in the middle of a road, in a valley, in a forest or at the square. It is a spontaneous gesture of the Bulgarian to do good without seeking anything in return. Whether it comes in a soft streak or flows in a powerful stream, whether it is covered by beech leaves or there is a gourd attached to its tap, the captured water is blessed for the weary traveller. One drinks with gratitude from the revitalizing liquid, splashes water on his face on a hot day and, bending over the water flow, bows to the hand, which has made the fountain. It does not matter if it is decorated, made of stone or simple bricks...

Скулптор Георги Данчев
Sculptor Georgi Danchev

Възрожденски жалони на българското образование и култура:
Портрет на Неофит Рилски – виден български просветител и общественик;
Площадът в Трявна;
Училището в Копривщица;
Априловската гимназия в Габрово;
Читалището в Шумен

Landmarks of Bulgarian education and culture in the Revival Period: a portrait of Neophit Rilski, notable Bulgarian educator and public figure; the square in the town of Tryavna; the school house in the town of Koprivshtitsa; Aprilov's High School in the town of Gabrovo; the Community Culture Center in the town of Shumen

Скулптор Борис Гондев — Sculptor Boris Gondev

Конакът и Къщата с маймунката във Велико Търново. Мостът на р. Янтра край Бяла
The Old Konak (Turkish Police Building) and the House with the Monkey in the town of Veliko Tarnovo. The bridge over Yantra river in the town of Byala

... И точно тогава, в стремителния устрем на деветнайсетия век, се появява уста Колю Фичето. Като мълния ярък блясва мощният талант на дребния на ръст и скромен по нрав, но велик в делата си майстор строител. Стремително литнали в небето са невероятните му църковни камбанарии. С елегантни сводове, плавни линии и красиви силуети се отличават неговите църкви. Светлина от реалния свят струи през техните прозорци, прогонвайки бледия светлик на свещи и кандила. Бодрост, жизнерадост, лекота излъчва архитектурата му. Мостовете - строителните му шедьоври, са не само брод през реките.

      Крачката в бъдещето - това подарява майсторът на народа си...

Right then, in the fast stream of the 19th century, Kolyo Ficheto appeared. The powerful talent of the short and humble, but also great in his work master builder, flashed like a bright lightning. His incredible church bell towers rise high in the sky. His churches are remarkable with their elegant arches, smooth lines and beautiful silhouettes. The light of the real world comes through their windows, chasing away the paleness of the candles and oil lamps. Freshness, joy of life and lightness are emitted by his architecture. The bridges - his building masterpieces - are not just fords across the rivers.

      A step into the future - this is what the master gave to his people...

МАНАСТИРИТЕ

Монументално тържествени или трогателно скромни по своя градеж, българските манастири привличат човека, приласкават духа му, връщат вярата в сърцето му. Великолепието им поразява, достолепието им смирява, духовното им величие извисява.

По историята на манастирите в България може да се проследи важна част от историята на духовните търсения на българина. Тези скиталчества на душата, това движение на вечно търсещия български дух, този неистов стремеж към светлото и доброто. С духовни прозрения, с най-свети надежди и вяра са заредени българските манастири, църкви, параклиси. И съхраненото в тях е безценно.

Но българските манастири са и още нещо. Още с появата си те стават образователни центрове, превръщат се в средища на българския културен живот. В тях се пишат и преписват учебници, църковни и богослужебни книги. В най-мрачните години на чуждо господство те са онзи жив и ценностен извор, поддържал духа и вярата на българина. И когато през Възраждането се разгръща масово строителство на църкви и манастири, пак те са местата за духовна и материална изява на пробуждащата се българска нация.

Защото за предците ни православен християнин означавало българин...

MONASTERIES

Bulgarian monasteries are monumentally solemn or touchingly humble. They attract us, entice the spirit, and reinforce the faith in our heart. Their magnificence is striking, dignity is self-effacing, their spiritual grandeur if elevating.

By the history of the monasteries in Bulgaria one can trace the essential part of the history of the Bulgarian's spiritual explorations. The roaming of the soul, the movement of the ever seeking Bulgarian spirit, the frantic urge to light and good. The Bulgarian monasteries, churches, chapels are charged with spiritual revelations, bright hopes and faith.

But the Bulgarian monasteries are something else too. From their start they became educational centres, foci of Bulgarian cultural life. In them, books were written and copied; church and religious books were created. In the darkest years of foreign domination, they were the live resource of values, which supported the spirit and faith of the Bulgarian. And when mass construction of churches and monasteries began in the Revival Period, they were again the places of spiritual and material expression of the awakening Bulgarian nation.

Because for our forefathers an orthodox Christian was a Bulgarian ...

Капиновски манастир. Дряновски манастир. Аладжа манастир.
Соколски манастир. Бачковски манастир

Kapinovsky Monastery, Dryanovo Monastery, Aladzha-Rock Monastery,
Sokolsky Monastery, Bachkovo Monastery

"Помогни, Богородичке, майчице..." – шепне смалилата се от мъка женица и насълзените ѝ очи се взират в светия лик с такава надежда и вяра, че неволно се вслушваш и ти да доловиш отговора на Божията майка, озарила с лика си мекия църковен здрач. За непознаващия православието е странна тази близост между вярващия християнин и иконите, изобразяващи светите образи. Приглушен шепот, молещ поглед, смирено събрани за кръстен знак пръсти, леко опряно в стъклото чело. Общуване с думи, с жестове, с поглед. В тях има и болка, и смазващо отчаяние, има и надежда, благодарност, смирение – все съкровени неща, които човек споделя насаме. С чистата вяра, че общува с някого, на когото може безрезервно да се довери.

Дали защото църквата е мястото, дето ний се сещаме, че сме хора...

"Help, Mother of God, our Mother..." This is what a small sad woman is whispering and her eyes, full of tears, are turned to the bright image with hope and faith. Unwillingly one listens for the answer of Mother of God whose image is illuminating the mild church dusk. This closeness between the true Christian and the icons depicting the bright images is rather strange for those who do not know Orthodoxy. Subdued whisper, pleading eyes, respectful fingers put together for the cross sign, a forehead slightly touching the glass. Communion with words, gestures, glances. In this, there is pain, crushing despair, hope, gratitude, and humbleness – cherished things shared intimately. The pure faith in communication with somebody who can be trusted completely.

Because the church is the place where we remember that we are human...

Обков на икона (XIV–XVIII в.)
A icon plate (14th–18th c.)

Икона на св. Атанасий (XVI–XVII в.)
Icon of St. Atanasiy (16th–17th c.)

... и в шепот, изгарящ сърцето, майсторът резбар доловил думи, дошли от легендите: *Когато изсъхналото дърво на Царевец пусне листа, тогава ще се избавим от враговете си...*

Млад бил майсторът, нетърпелив, не можел да чака. Запалил свещица, кръст сторил и запретнал ръкави. И сторил чудо! Изящни листа на дървета и храсти обвили чудно красиви цветя. Леки птици с изумрудени очи притискали гръд о кехлибарени гроздове. Сред целия този райски пейзаж полетели странни орли и средновековни грифони, страховити чудовища и ефирни ангели. А от икони с цвят на старо злато гледали очите на християнски светци...

Така се раждало великолепието на иконостасите в българските църкви...

In the whisper, which burned the heart, the master carver caught the words of the legends: *When the last dry tree of Tsarevets grows leaves, then we shall get rid of our enemies...*

The master was young; he could not wait. He lit a candle, made a cross sign and rolled up his sleeves. And he made a miracle! Delicate leaves covering the trees and bushes, and also flowers. Light birds with jade eyes pressed their breasts against amber grapes. Amidst all that heavenly landscape, strange eagles flew, medieval griffons, fearful monsters and ephemeral angels. And from icons coloured like old gold, the eyes of old Christian saints were seen...

Thus the splendour of the iconostases in Bulgarian churches was born...

Църковна утвар. Чипровска златарска школа

Church plate. Chiprovtsi Goldsmith School

Рапиди (XVI в.). Митра на Охридските български архиепископи (XVIII в.). Напрестолен кръст (XVII в.)
Element of a liturgy procession. Mitre of Bulgarian archbishops in Ohrid (18th c.). On-the-throne cross (17th c.)

Историческата църква "Св. Неделя" в Батак, където през Априлското въстание турските орди избиват почти цялото население на града. Днес църквата е музей-костница.

The historical St Nedelya Church in the town of Batak where the Turkish hordes massacred almost the whole population in the April Uprising. Today the church is a museum-charnel house.

Batak, май 1876...
   ... Дори небето онемя, обагрено в червено.

Batak, May 1876...
   ... Even the sky went dumb, coloured in red.

Паметникът на свободата.
Връх Шипка!
Символът на изгряващата българска свобода.
Предвестникът на 3 март 1878 г.
Освобождението на България от турско иго.

The Liberty Monument
Mount Shipka!
The symbol of the rising liberation of Bulgaria.
The herald of 3 March 1878 – the liberation of Bulgaria from Turkish rule.

Витражи от централното стълбище на Софийския университет "Св. Климент Охридски". Инсигния на ректора на университета
Glass paintings in the central foyer of St. Kliment Ohridski Sofia University. Chancellor's signs of honour

ДНЕШНИЯТ ДЕН

PRESENT DAY

Днешният ден на България..

Това е времето, в което живеем. И нещата, които правим.

Това е движението, ритъмът, пулсът на съвременна България – богата с духа на предците си, съхранила родовата памет, силата на младите си хора и вярата в бъдещето на своя народ.

Усетил свежия въздух на новото време още с Възраждането, утвърдил самочувствието си с Освобождението, българинът разширява хоризонтите на духа и живота си. Почувствал се равен с другите европейски народи, той изгражда едно ново културно пространство, където творчески съвместява традицията с модерността на новото време.

И тъй е до днес...

The present day of Bulgaria.

It is the time in which we live. And the things we do.

It is the movement, rhythm, pulse of modern Bulgaria – rich with the spirit of the forefathers, keeping the memory of the origins, the power of the young people and the faith in the future of the nation.

The Bulgarian felt the fresh breath of the new time during the Revival Period and reinforced his self-confidence with the Independence.

He expands the horizons of his spirit and life. He feels equal with the other European nations and is building a new cultural space where he mixes creatively tradition with the modernity of the present day.

It has been like this to the present...

Девойка с ябълки - картина от
Владимир Димитров-Майстора

A young girl with apples, *a painting
by Vladimir Dimitrov, the Master*

    Със Земята и природата, със звездите и луната, с всичко прекрасно, що съществува, е сравнявана красотата на българката.
    И в миг на прозрение, сякаш докоснат от ангелско крило, големият български поет Христо Фотев изтръгва от сърцето си вопъла:
Колко си хубава! Господи, колко си хубава...
И казва всичко.

    The beauty of the Bulgarian woman has been compared to the earth and nature, stars and the moon, everything beautiful that exists.
    And in a moment of revelation, as if touched by an angel's wing, the great Bulgarian poet Hristo Fotev cries out of his heart:
You're so beautiful! God, you're so beautiful...
And this says everything.

Сватбен накит за глава от Плевенско (XIX в.)   A wedding head decoration from Pleven region (19th c.)

София – столицата на България
Хилядолетният град с име на мъдрост...

Sofia – the capital of Bulgaria.
The thousand-year-old city with the name of wisdom...

Народен театър "Иван Вазов"
Ivan Vazov National Theater

Съвременна България. Изгледи от Смолян, Плевен, Благоевград, Севлиево, Велико Търново, Варна
Contemporary Bulgaria. Views from Smolyan, Pleven, Blagoevgrad, Sevlievo, Veliko Tarnovo, Varna

Русе
Rousse

Бургас
Bourgas

ЗЛАТНОТО СЪКРОВИЩЕ ОТ НАГИ СЕНТ МИКЛОШ
5 ст
VII-IX ВЕК
НРБЪЛГАРИЯ·ПОЩА·1981
НР БЪЛГАРИЯ 13
ПОЩА
ст 40
ИХТИМАНСКА
БЪЛГАРИЯ
ЦАРСТВО БЪЛГАРИЯ
СОФРОНИЙ ВРАЧАНСКИ
2 ЛЕВА 2
НХГ
СТЕФАН ИВАНОВ
ПОРТРЕТ НА ЛАЗАРОВА
ПОЩА
СТ. 2
БЪЛГАРИЯ
10 лв
ЦАРСТВО БЪЛГАРИЯ

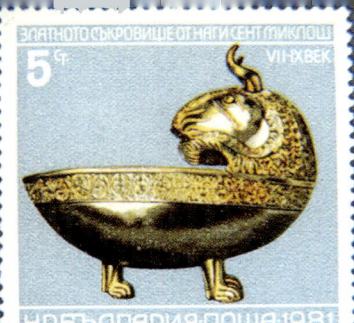

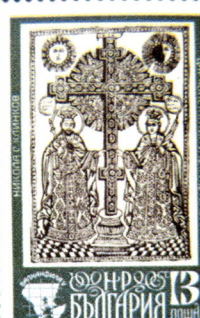

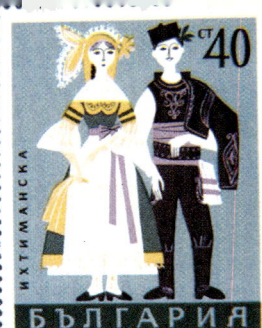

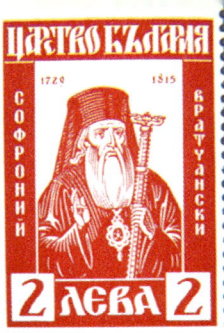

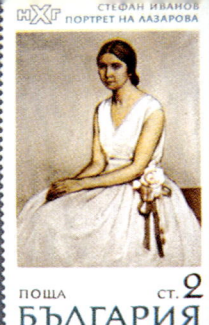

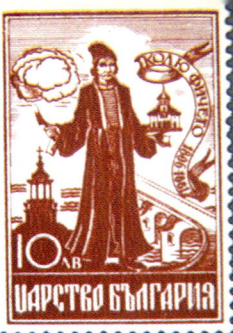

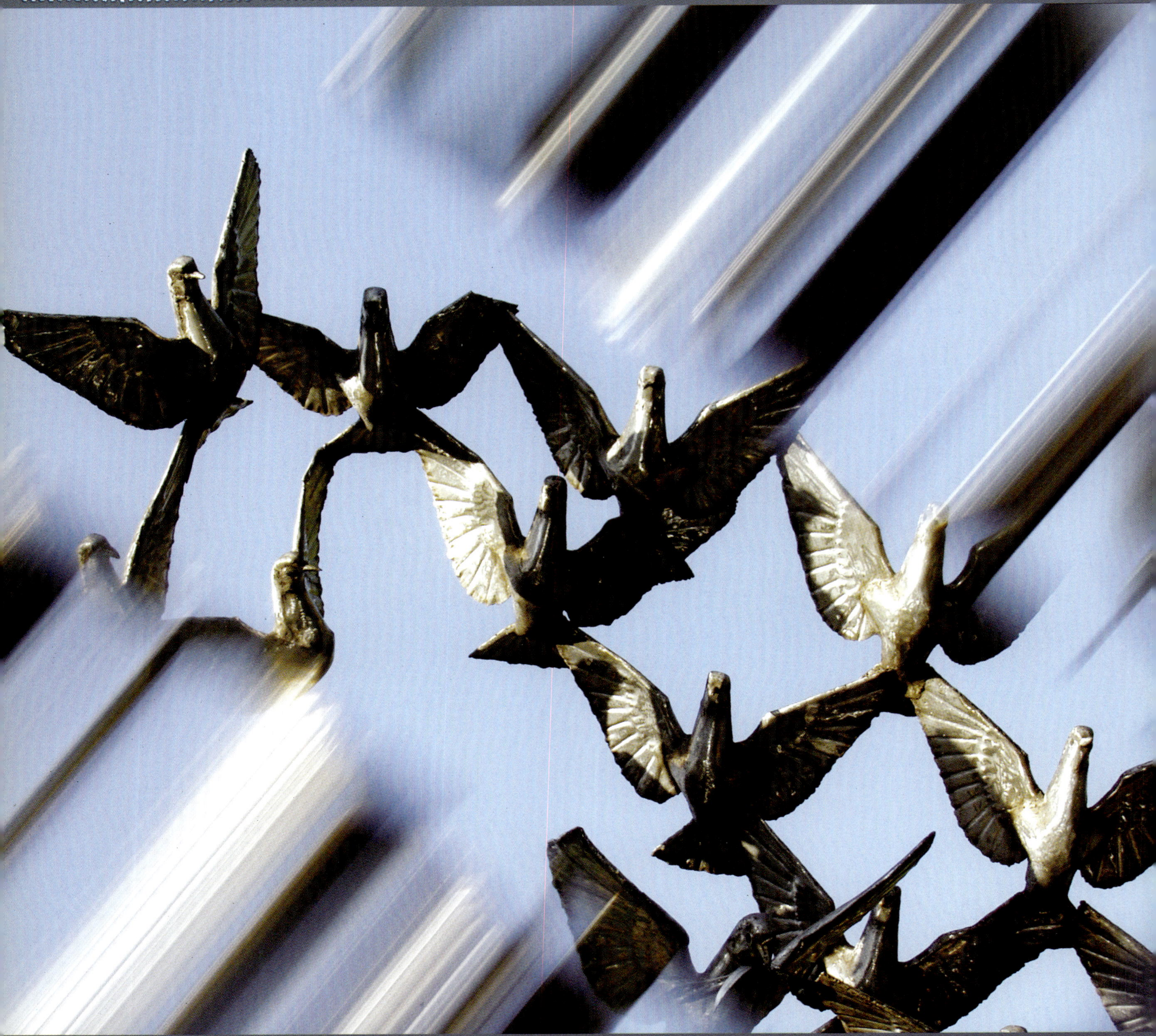

ВЛ. ДИМИТРОВ
МАЙСТОРА 1882-1972
НХГ
ЖЪТВАР
СТ 2
НРБЪЛГАРИЯ ПОЩА
3 ст
ЯМБОЛСКА
БЪЛГАРИЯ
ПОЩА НРБЪЛГАРИЯ
БЕЛЯТ ПЛАТНО
СТ 13
ВЛ. ДИМИТРОВ
МАЙСТОРА 1882-1972
НХГ
ВЛ. ДИМИТРОВ
МАЙСТОРА 1882-1972
НХГ
АВТОПОРТРЕТ
СТ 40
НРБЪЛГАРИЯ ПОЩА
НРБЪЛГАРИЯ·ПОЩА·1981
ст 13
ЗЛАТНОТО СЪКРОВИЩЕ ОТ НАГИ СЕНТ МИКЛОШ
VII-IX ВЕК

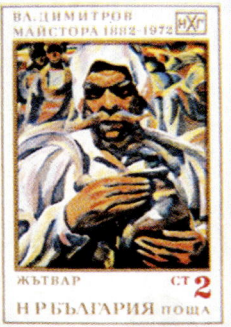

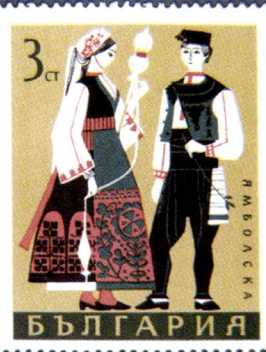

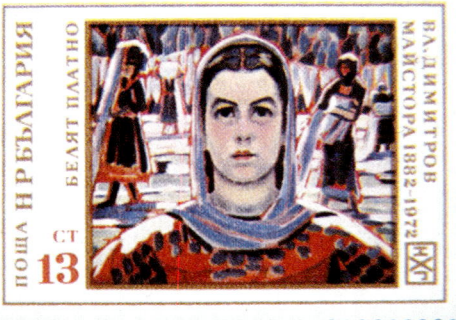

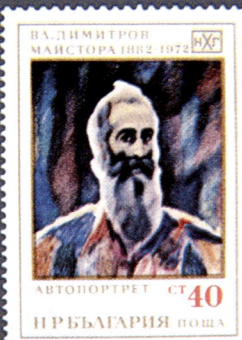

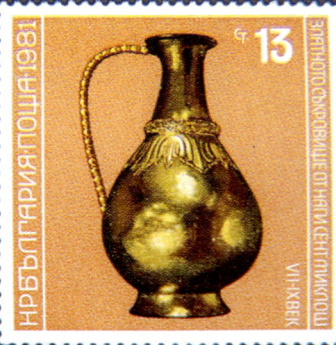

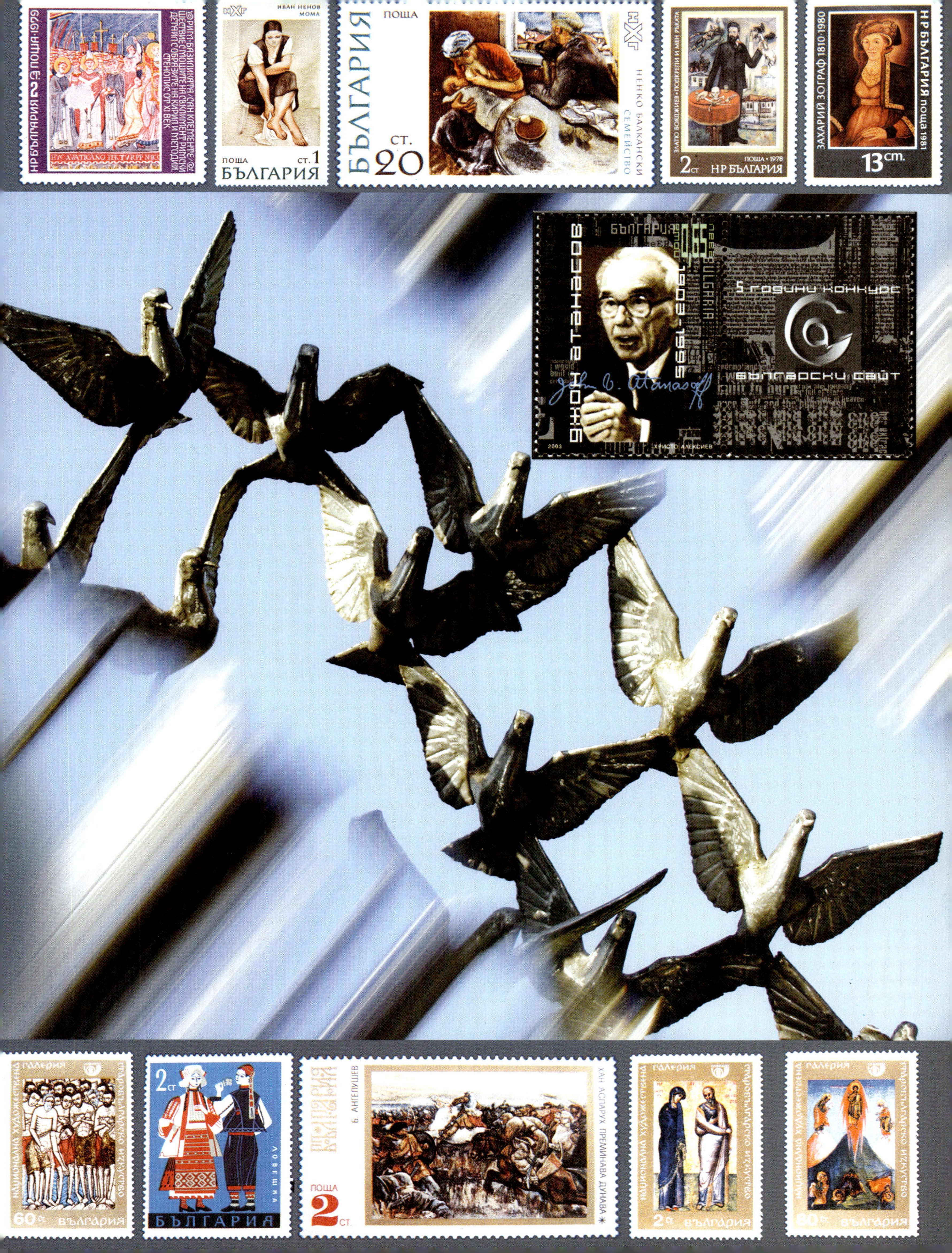

ИВАН НЕНОВ
МОМА
ПОЩА
ст. 1
БЪЛГАРИЯ
ПОЩА
БЪЛГАРИЯ
ст.
20
НЕНКО БАЛКАНСКИ
СЕМЕЙСТВО
ПОЩА • 1978
2 ст
НР БЪЛГАРИЯ
НР БЪЛГАРИЯ
13 cm.
БЪЛГАРИЯ
Джон Атанасов
5 години конкурс
Български свят
2003
ХРИСТО АЛЕКСИЕВ
БЪЛГАРИЯ
Б. АНГЕЛУШЕВ
ХАН АСПАРУХ ПРЕМИНАВА ДУНАВА
ПОЩА
2 СТ.

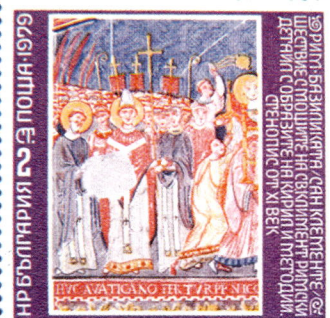

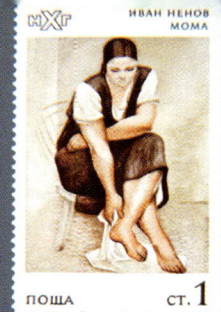

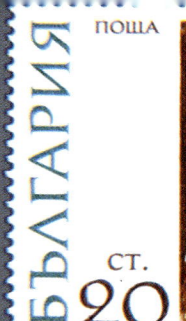

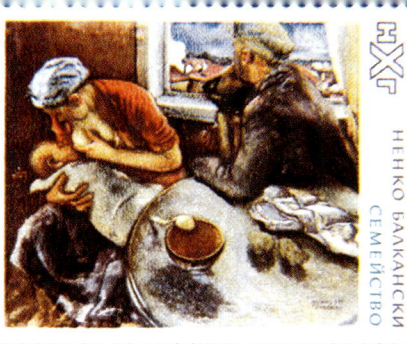

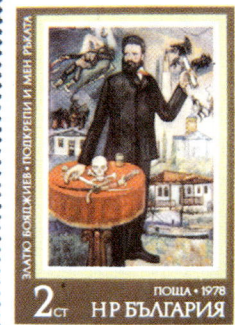

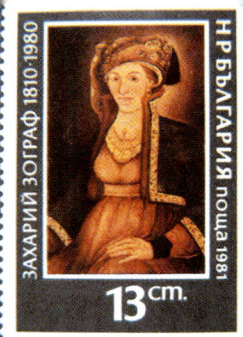

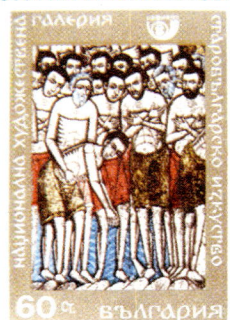

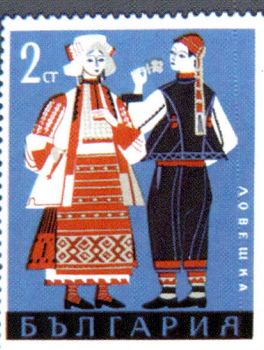

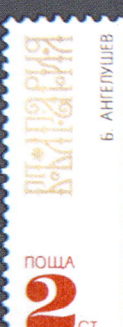

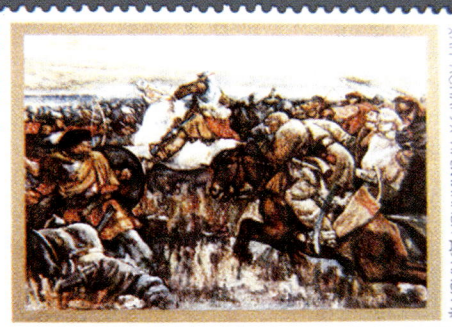

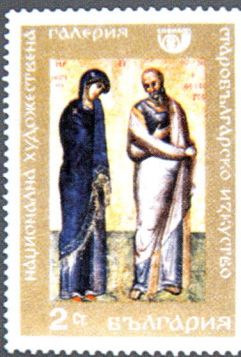

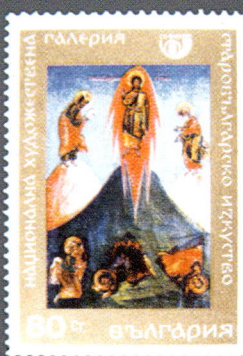

Джон Атанасов (1903–1995) – изобретателят на първия в света електронен цифров компютър.

Едно дело, открило пътя към световното информационно общество.

Едно наследство, революционно променило света.

Един велик човек. Американец, горд със своя български произход.

В космическия безкрай има един астероид, който носи името на Джон Атанасов. Открит е от български учени...

John Atansoff (1903–1995) – the inventor of the first electronic digital computer.

A deed, which opened the gates to the world information society.

A heritage, which has changed the world in a radical way.

A great American who was proud of his Bulgarian origin.

In space, there is an asteroid, which bears the name of John Atanasoff. It was discovered by Bulgarian scientists...

Скулптор Въкло Ценов   Sculptor Walko Tsenov

Той от толкова отдавна помни и знае, че понякога имаме усещането, че в творбите му се срещаме с живата духовна памет на времето...

Проф. Светлин Русев

Дечко Узунов (1899–1986) – художникът с неподражаем стил, автор на портрети, пейзажи, акварели, монументални фрески, мозайки и стъклописи. Академик, председател на СБХ, президент на Международната асоциация за пластични изкуства в Париж, член на Европейската академия за наука, пластични изкуства и литература, почетен член на множество чуждестранни академии.

He has remembered and known for so long that sometimes we feel that in his works we meet the live spiritual memory of time...

Prof. Svetlin Rusev

Dechko Uzunov (1899–1986) – the artist with the incomparable style, the author of portraits, landscapes, watercolours, monumental frescos, mosaics and stained glass. A member of the Art Academy, chairman of the Union of Artists, president of the International Association of Plastic Arts in Paris, member of the European Academy of Science, Plastic Arts and Literature, honorary member of many more foreign academies.

Сред изумрудени блясъци и лилави сияния, сред първичната мощ на гигантски кристали, човек внезапно спира и мисълта му бързо полита назад към времена минали ... Необяснимо нещо е човекът. Днес, когато за часове може да прелети хиляди километри, когато с няколко клавиша се свързва с целия свят, когато си мисли, че нещата са му подвластни, внезапно се спира потресен пред мощта на първичната красота. Изтръгнати от гръдта на Земята, тези грандиозни свидетели на първичния хаос са поразителни с естествената хармония, която излъчват, с тайнствата, които крият.

Роден е човекът за мисия, но съществото му все чака чудото...

Не е ли България частица от чудото на света?

Amidst the jade light and purple flashes, amidst the primal power of giant crystals, man suddenly stops and his thoughts fly fast back to past times... Man is something inexplicable. Today, when one can fly thousands of kilometres in an hour, when with the tapping of some keys one can connect to the whole world, when one thinks that one is superior, one suddenly stops shuttered by the power of primal beauty. Taken out of the earth, these grandiose witnesses of the original chaos are striking with the natural harmony they emit, with the secrets they hide.

Man is born with a mission but still his nature is so strange...
Isn't Bulgaria a piece of the wonder of creation?

Потъва слънцето зад хоризонта, запечатало в огнената си памет още един ден. Както вчера, както онзи ден... Както през всичките тези години над същата тази земя, познала възторзи, битки, сълзи и надежда.

Залязва слънцето, за да се върне отново в утрото. Но там, в съня си, то отново и отново тича след кадифени пеперуди по пъстри поляни, надпреварва се с пъстърви в планински потоци, изкачва върхове с туристи. Пробляква в този сън пирински сняг, витошко лале, странджанска зеленика. Прошумоляват разкази за времена, народи и хора, глас на кавал догонва песен на чучулига, детски смях искри над всичко.

... Омагьосала е българската земя слънцето и то отново, и отново се връща. За да я зърне още веднъж. И още веднъж... Вече хиляди дни и години. Защото България не може да бъде забравена. Видял ли си я веднъж, тя завинаги остава с теб. Дори и насън...

Довиждане. До утрешния изгрев ...

The sun is sinking behind the horizon, having imprinted in its fiery memory still another day. Like yesterday, like the day before... Like in all the years on the earth, which has known exultation, battles, tears and hopes.

The sun is setting... To return again tomorrow. But there, in its sleep, it is running after velvet butterflies on colourful meadows, chasing trout in mountain streams, climbing peaks together with tourists. In this dream, the snow is glittering, the tulip of Mount Vitosha and the flower of Mount Stranja is seen. Stories of times, peoples and men are heard. The melody of the flute chases the song of the lark, a child's laughter soars above all that..

Bulgarian land has bewitched the sun and it returns again and again. To see it one more time. And again... It has been like that for thousands of years. Because Bulgaria cannot be forgotten. Once you have seen it, you keep it in you forever. Even in your dreams...

Good-bye. Until tomorrow's sunrise...

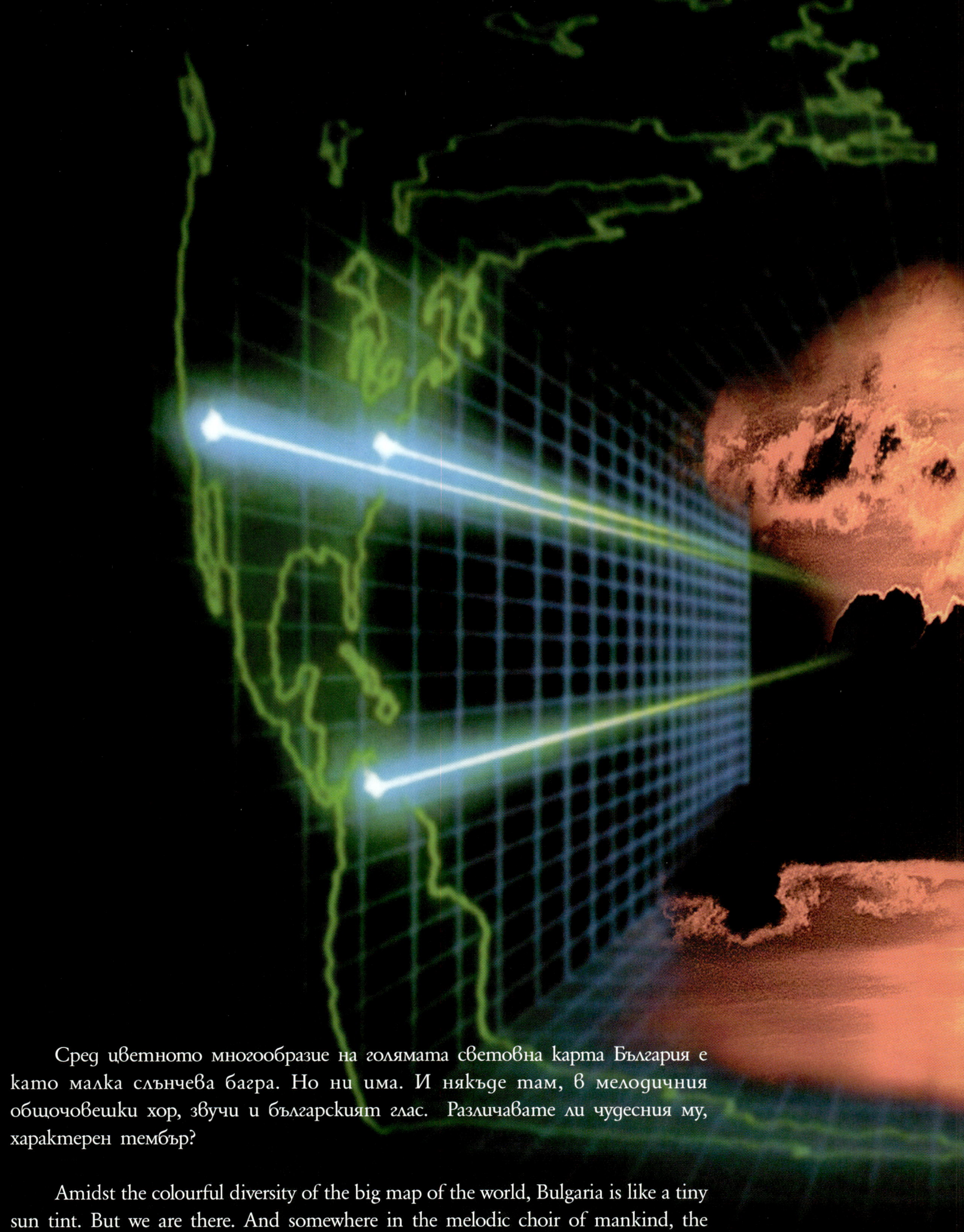

Сред цветното многообразие на голямата световна карта България е като малка слънчева багра. Но ни има. И някъде там, в мелодичния общочовешки хор, звучи и българският глас. Различавате ли чудесния му, характерен тембър?

Amidst the colourful diversity of the big map of the world, Bulgaria is like a tiny sun tint. But we are there. And somewhere in the melodic choir of mankind, the Bulgarian voice sounds. Can you hear its wonderful, characteristic tone?

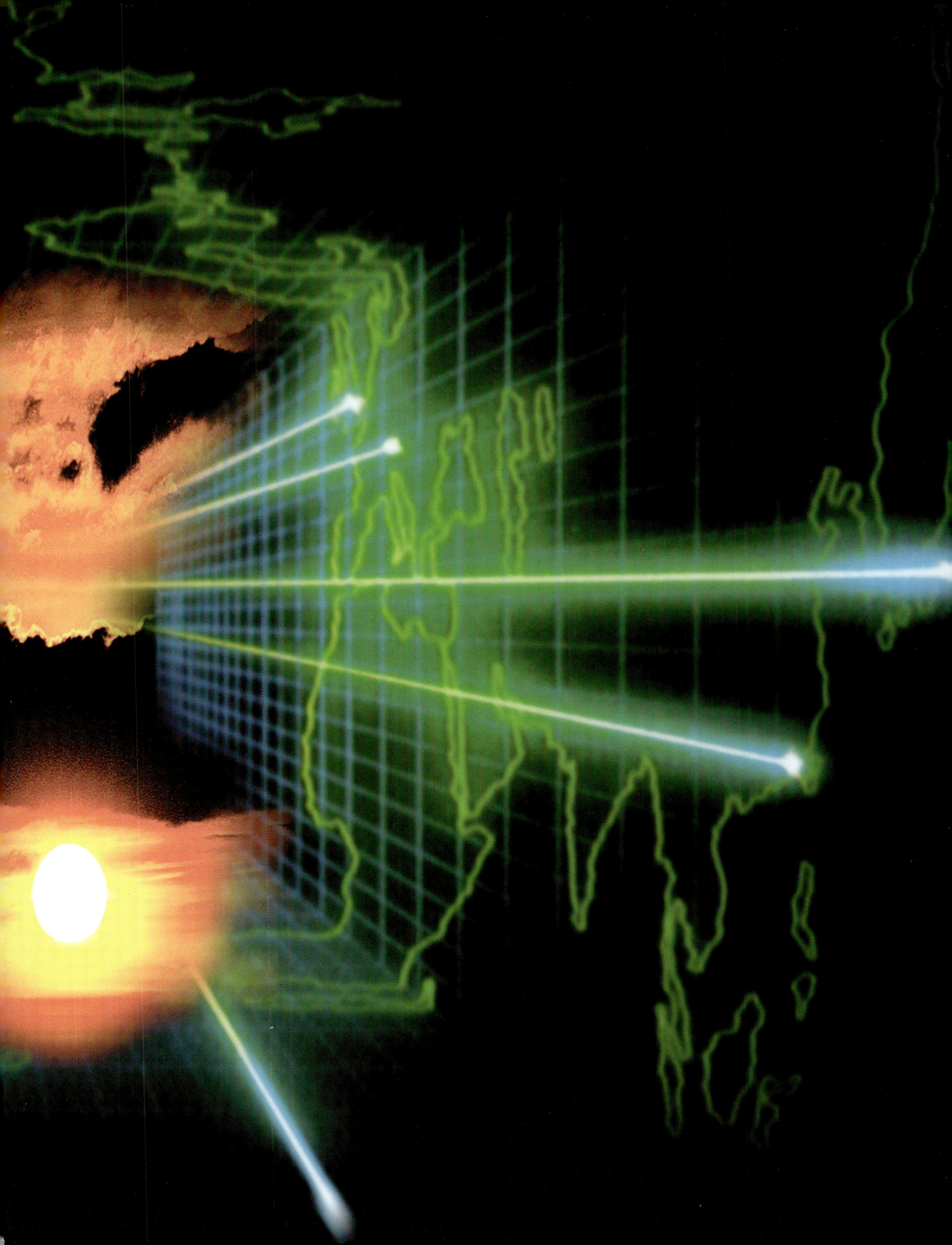

С
изгрева на слънцето
започва денят на България.
Лъчите му озаряват уникалното ѝ природно и културно
НАСЛЕДСТВО,
достигнало до нас през векове и години.
Стотици хиляди са посланията, прелетели с безшумния бяг на
ВРЕМЕТО.
В привидния хаос на движещата се Земя творецът в човека улавя, създава и ражда магия от ритми, звуци и багри – неповторимият български
ФОЛКЛОР.
Скътала на малко площ богатството си от планини, реки, поля, езера, море и красотата на четирите годишни сезона,
ЗЕМЯТА
българска е благословена от Бога.
Пренесъл строителните си традиции през вековете и умението да създава мощни и силни държави, българинът с решителност изгражда
ОСНОВИТЕ
на държавата си, преоткривайки духовната мощ на съзиданието.
Въодушевен от пречистващата светлина на
БЪЛГАРСКОТО ВЪЗРАЖДАНЕ,
усетил тръпката на свободата, той утвърждава самочувствието си и открива хоризонтите на едно ново културно пространство, обединило традицията с модерността на новото време.
Но дори и за миг не престават духовните търсения на българина.
МАНАСТИРИТЕ
по българските земи,
монументално тържествени или трогателно скромни по своя градеж, те извисяват човека, поддържат вярата и духа му и в най-мрачните години на чуждо господство. Великолепието им поразява, достолепието им смирява, тихата им мъдрост ни съпътства и в
ДНЕШНИЯ ДЕН –
времето, в което ние, днешните българи, живеем, творим и отглеждаме децата си – бъдещето на България.
Търкулва се слънцето оттатък
Балкана, за да се върне с утрото.
До утре, до следващия
изгрев.

With Sunrise
The day of Bulgaria begins.
The sun rays illuminate her unique natural and cultural
HERITAGE,
Which has reached us through centuries and years.
Hundreds of thousands are the messages, which came with the silent flight of
TIME.
In the seemingly chaotic movement of the Earth, the creator notices, creates and
Bears a magic of rhythms, sounds and colours – the distinctive Bulgarian
FOLKLORE.
Keeping in its small area a wealth of mountains, rivers, fields, lakes, a sea and
The beauty of the four seasons of the year –
LAND
blessed by God.
Having transferred his building traditions through the centuries together with the ability
to create powerful states, the Bulgarian is building with confidence the
FOUNDATIONS
Of his state, rediscovering the spiritual power of creation.
Inspired by the healing light of
BULGARIAN REVIVAL,
Having felt the ecstasy of freedom, he establishes his self-confidence and
Discovers the horizons of a new cultural space, which unifies
Tradition and modernity of the new time.
But the Bulgarian's spiritual quest never stops.
MONASTERIES
In the Bulgarian lands,
Monumentally solemn or touchingly humble in their build, they elevate man, keep his faith and spirit in the dark years of foreign domination. Their splendour is striking, their nobleness is soothing, their quiet wisdom is accompanying us in
PRESENT DAY
The time we, modern Bulgarians, live, work and raise our children –
The future of Bulgaria.
The sun sets behind
The Balkans, to return with the new morning.
Until tomorrow,
The next sunrise.

АНОТАЦИИ

Преден форзац – Съвременно изображение на календарния кръг

През своята дълга история древните българи са създали съвършен инструмент за отчитане на изтеклото време – 12-годишен циклов календар, прецизно отчитащ продължителността на земната година чрез движението на Янкул (Юпитер) около Слънцето. Той фиксира закономерността на движение на съзвездия, които в бита са оприличени на животни. Според ЮНЕСКО календарът е надеждна теоретична основа за разработване на единен календар на човечеството.

Датирането чрез изображение на календарно животно българите използват не само в предхристиянския период от своята история, а успоредно с християнския календар до началото на XX в. (Вж. капитела със заека от Преслав – с. 145, чешмата с барсовете в гр. Сандански – с. 171, къщата с маймунката във Велико Търново – с. 174).

Авантитул – Медальон с изобразен "царски лов" (синтез на реализъм и митология) върху кана от съкровището в Наги сент Миклош

Съкровището от Наги сент Миклош, днес в Република Румъния, се състои от златни съдове с различна форма и предназначение (поднос, кани, чаши за окачване на колан, чаши със столче, купи, ритон), принадлежали на представител на българската аристокрация през IX в. Най-голям интерес представляват изображенията върху седемте кани, които са богат източник на информация за битовата култура на българите в онази епоха, както и за митологичните им представи и древни идейни кодове. (Виж Конника победител – с. 62, и съда на с. 145).

На с. 39 – Скални рисунки от пещерата *Магура* до с. Рабиша, Белоградчишко

Уникалните пещерни рисунки са определяни като истински шедьоври на късното праисторическо изкуство на Балканския полуостров. Те изобразяват хора, странни животни, растения и знаци, ловни и култови сцени и са рисувани с прилепно гуано (тор). Смята се, че са няколкостотин на брой. Според специалистите особен интерес представлява изображеният слънчев годишен календар, който съдържа обозначения общо за 366 денонощия и отбелязва астрономически събития като зимното и лятното слънцестоене, пролетното и есенното равноденствие и др.

На с. 45–47 – Предмети от Перперикон: Фрагмент от златна патрицианска диадема (V–VII в.); Двоен бронзов кръст (X–XII в.); Печат от обсидиан с образа на св. Архангел Михаил (XI–XII в.); Сребърен ключ за съкровищница – чупещ се, с вътрешен печат (X в.); Сребърен римски пръстен. Гемата е с изображение на бога Хелиос с квадрига (II–III в.). Археологическите проучвания на Перперикон от последните години показват, че там скалите са били обожествени от древните хора още през късния неолит (края на VI-то – началото на V-то хил. пр.Хр.), а животът на хълма не е прекъсвал до края на XIV в.

На с. 62 – Медальон с изобразен конник победител върху кана от съкровището в Наги сент Миклош (вж. текст 2).

На с. 64 – Мадарският конник

Уникалният скален релеф Мадарски конник е паметник на българското изкуство от VIII в. и изразител на древната астрална религия. Той е единствен по рода си в Европа. Представлява многофигурна композиция от конник с гега, следван от куче. Конникът триумфира над победен лъв, под който е изобразена змия. Фигурите на конника, кучето и лъва съгласно арийската традиция имат своите космични съответствия (Слънцето, Луната и звездата Регул от

ANNOTATIONS

Fly-lear – Modern presentation of calendar circle

In their long history, the ancient Bulgarians have created a perfect instrument for measuring time – the 12-year cycle calendar. It measures precisely the duration of the earth year in accordance with the motion of Yankul (Jupiter) around the Sun. It fixes the regularity of the motion of constellations, which have been compared to animals. According to UNESCO, the calendar is a reliable theoretical base for designing a unified calendar of mankind.

The Bulgarians used to mark time by means of depicting a calendar animal not only in the pre-Christian period of their history. They used this method alongside the Christian calendar until the beginning of the 20th century (see the capital with a rabbit from Preslav, p. 145, the water fountain with cougars in Sandanski, p. 171, the house with a monkey in Veliko Tarnovo, p. 174).

Avantitle – Medallion with "royal hunt" (synthesis of realism and mythology) on a jar from the treasure from Nagi Sent Miklosh

The treasure from Nagi Sent Miklosh, present Republic of Romania, consists of gold vessels of different shapes and functions (a tray, jars, cups worn on the belt, cups with a stem, bowls, a riton), which belonged to a member of Bulgarian aristocracy of the 9th century. The most interesting aspects are the images on the seven jars – a rich source of information on the material culture of the Bulgarians of that period and also on their mythological ideas and ideological codes (see the Horseman Victor, p. 62, and the vessel on p. 145).

On p. 39 – Rock drawings in Magura Cave near the village of Rabisha, Belogradchik region

The unique cave drawings are considered real masterpieces of late prehistoric art in the Balkan Peninsula. They depict people, strange animals, plants and signs, hunting and cult scenes. They are drawn with bat guano (bat manure). They number up to several hundred. According to the specialists, of particular interest is the sun calendar of the year presented there. It contains a total of 366 days and marks astronomical events such as winter and summer solstice, spring and autumn equinox, etc.

On p. 45–47 – Objects from Perperikon: a fragment of a gold patrician's crown (5th–7th c.); double bronze cross (10th–12th c.), seal of obsidian with the image of St. Archangel Michael (11th–12th c.), silver key for a treasure box – folding, with an inner seal (10th c.), a silver Roman ring. The gem is with the image of God Helios with a quadric (2nd–3rd c.).

Archeological investigations in Perperikon of the recent years show that the rocks were sanctified by the ancient men of the late Neolithic period (late 6th–early 5th millenium BC). Life on the hill continued until the end of 14th century.

On p. 62 – Medallion with the image of a Horseman Victor on a jar from the treasure from Nagi Sent Miklosh (c.f. passage 2)

On p. 64 – Madara Horseman

The unique rock relief Madara Horseman is a monument of Bulgarian art of the 8th century. It reveals the ancient astral religion. It is the only one in Europe. The relief is a many-figure composition of a horseman with a crook followed by a dog. The horseman triumphs over a defeated lion under which lies a snake. The figures of the horseman, dog and lion have, according to the ancient Arian tradition, their space counterparts (the Sun, the Moon and the Regul star of the Lion constellation). The computer analysis has

съзвездие Лъв). Компютърен анализ потвърждава, че в композицията е закодирано космическо събитие - небесните тела са били в тази конфигурация на 24 август 165 г. Това е годината, посочена за начало на България в Европа и в друг древен паметник - Именникът на българските владетели.

На с. 94 - Съвременен килим, дело на майстори от Чипровци
В народните облекла и тъкани се срещат знаци и символи, пренесени от българите през хилядолетията, свидетелство за древни познания и светоглед. Най-често срещан мотив в чипровските килими и до днес е така наречената "космическа костенурка" - древен източен символ на връзката между Космоса и Земята.

На с. 145 - Съд от съкровището в Наги сент Миклош (вж. текст 2); Капител със заек от Велики Преслав (вж. текст 1).

На с. 151 - Седемлъчева розета от Плиска
Бронзовата седемлъчева розета е открита в Плиска - първата столица на България на юг от р. Дунав. На едната ѝ страна са изписани символите на седемте небесни светила, а на другата е свещеният знак на бог Тангра - IYI. Някои изследователи я приемат за т.н. "звезда на маговете" - древноирански уред на астролозите. По своята същност тя е модел на времето, отчитащ часовете и дните на седмицата. Предназначена е вероятно да посочва най-благоприятния ден и час за определено събитие, както и планетата му покровител. Българският религиозен възглед, усвоил философски хилядолетни символи и идеи, е създал графичния знак IYI като "емблема на живота, представа за издигащ се нагоре път, разклоняващ се в две посоки - към Доброто и Злото" (Р. Кох). Знакът изразява и религиозната идея за троичността, за възможностите и творческото начало при възникване на творението. Многобройните изображения на този знак по българските земи в различни варианти показват близост с идеите на християнството и постепенното му преосмисляне като кръст след приемането на християнството за официална религия в България.

На с. 161 - Градска часовникова кула от епохата на Възраждането
Големият разцвет на занаятите и търговията през Възраждането довежда до появата на нов архитектурен елемент в нашите селища - часовниковите кули. От утилитарни съоръжения те се превръщат в архитектурни творби и по този начин допринасят за художественото оформяне на градския силует.

На с. 171 - Чешмата с барсове в Сандански (вж. текст 1).

На с. 172-173 - Възрожденски жалони на българското образование и култура
Пораснало национално съзнание на българина през Възраждането засилва стремежа му към знания и дава тласък за развитието на българската култура, наука и образование. Възрожденски дейци като Софроний Врачански, Неофит Рилски, Петър Берон, Васил Априлов и др. развиват и осъществяват идеята за национално просвещение. Поставя се началото на светското образование. През 1835 г. се открива Габровското взаимно училище - първото новобългарско светско училище, чийто наследник е Априловската гимназия. Появяват се и читалищата - уникален български модел на самодейни културно-просветни организации. Те откриват общодостъпни библиотеки, в тях се играят първите български театрални представления, изнасят се популярни лекции (сказки) от всички области на живота. Първите български читалища се създават през 1856 г. в Лом, Свищов и Шумен.

На с. 174 - Къщата с маймунката във Велико Търново (вж. текст 1).

shown that the composition encodes a space event - the celestial bodies were in this configuration on 24 August 165. That is the year indicating the establishment of Bulgarian State in Europe in another ancient monument - the NAME LIST OF BULGARIAN KHANS.

On p. 94 - A modern carpet made by masters from Chiprovtsi
Signs and symbols are used in folk dresses and materials, which have been transferred through the millennia, evidences of ancient knowledge and outlook. The most frequent motif of the modern Chiprovtsi carpets is the so-called "cosmic turtle" - an ancient eastern symbol of the connection between Space and Earth.

On p. 145 - A vessel from the treasure from Nagi Sent Miklosh (c.f. passage 2)
Capital with a rabbit from Veliki Preslav (c.f. passage 1)

On p. 151 - Rosette with seven rays from Pliska
The bronze rosette with seven rays was found in Pliska - the first capital town of the Bulgarians to the south of the Danube. On one of its sides, there are the symbols of the seven celestial bodies and the other side shows the divine sign of God Tangra-IYI. Some experts consider it the "star of the magi" - an ancient Iranian device of the astrologers. In fact, it is a model of time, measuring the hours and days of the week. It is probably intended to show the most favourable day and hour for a given event together with its protecting planet. The Bulgarian religious stance with its long-term philosophical symbols and ideas has created the graphic sign IYI as "the emblem of life, which is a rising road branching into two directions - to Good and Evil" (R. Koh). The sign expresses the religious idea of trinity, of the opportunities and the productive base of the genesis of the creation. The numerous representations of this sign across the Bulgarian lands indicate its closeness to the ideas of Christianity and its gradual transformation into a cross after the adoption of Christianity as the official religion of Bulgaria.

On p. 161 - A town clock-tower of the Revival Period
The great success of the crafts and trade in the Revival Period led to the emergence of a new architectural element in our settlements - the clock-tower. Utilitarian considerations turned them into architectural works and thus contributed to the artistic outlook of the urban environment.

On p. 171 - Water fountain with cougars in Sandanski (c.f. passage 1)

On p. 172-173 - Revival Period landmarks of Bulgarian education and culture
The rising national consciousness of the Bulgarians during the Revival Period intensified their thirst for knowledge and was a stimulus for the development of culture, science and education. Revival Period activists such as Sofroniy Vrachanski, Neofit Rilski, Petar Beron, Vasil Aprilov, developed and implemented the idea of national enlightenment. Secular education began. In 1835, the Gabrovo Mutual School opened - the first new Bulgarian secular school, which later became the Aprilov High School.
Reading Clubs (Chitalishta) emerged - a unique Bulgarian model of self-governing cultural-educational organizations. They opened public libraries where the first theatrical performances were staged; popular lectures were given on topics from all domains of life. The first Bulgarian chitalishta were established in 1856 in Lom, Svishtov and Shumen.

On p. 174 - The House with a monkey in Veliko Tarnovo (c.f. passage 1)

ТАНГРА ТанНакРа ОБЩОБЪЛГАРСКА ФОНДАЦИЯ изказва своята благодарност за оказаното съдействие при създаването на този албум на: Министерство на културата, Министерство на отбраната, Национален институт за паметниците на културата, Народна библиотека "Св. Св. Кирил и Методий", Народен театър "Иван Вазов", Софийски университет "Св. Климент Охридски", Нов български университет, Национален исторически музей, Национален политехнически музей, Национален военноисторически музей, Исторически музей - Плевен, Археологически музей - Сандански, Исторически музей - Исперих, Задруга на майсторите на народните художествени занаяти, Фондация "Българска роза".

TANGRA TanNakRa ALL-BULGARIAN FOUNDATION wishes to express its gratitude for the rendered assistance in the making of this album on behalf of the Ministry of Culture, the Ministry of Defence, National Institute for Cultural Monuments, National Library *Sts. Cyril and Methodius*, National Theatre *Ivan Vazov*, Sofia University *St. Kliment Ohridski*, New Bulgarian University, National Museum of History, National Museum of Polytechnics, National Museum of Military History, the Museum of History - Pleven, the Museum of Archaeology - Sandanski, the Museum of History - Isperih, The Fellowship of Craftsmen of Folk Arts and Crafts, The *Bulgarian Rose* Foundation.

АЛБУМ БЪЛГАРИЯ
Авторски колектив
Първо издание, българска
На български и на английски език
Формат 70/100/8, печ. коли 29
Печат ЛИТО БАЛКАН АД

ТАНГРА ТанНакРа ОБФ
ПК 1832, 1000 София, България
тел. (02) 986 44 19
факс (02) 986 69 45
E-mail: tangra@bitex.com
http://members.bitex.com/tangra
За продажба на едро и дребно
Книжна борса: София, ул."Николай Ракитин" №11, тел. (02) 943 77 98